この本《ほん》に出《で》てくる

ロジー博士《はかせ》（通称《つうしょう》：はかせ）

ロボンの生《う》みの親《おや》。環境《かんきょう》にやさしい発明品《はつめいひん》を日《にち》夜《や》研究《けんきゅう》している。口《くち》ぐせは「ねこの手《て》も借《か》りたいくらいじゃ！」

じつは、慣用句《かんようく》にもくわしく、「わしの知《し》らないことばなどはない！」と胸《むね》を張《は》っている。

ダイゴ

かん太《た》の親友《しんゆう》。クラスではリーダー的《てき》な存《そん》在《ざい》。転校生《てんこうせい》のよこみち君《くん》のことを、自分《じぶん》のライバルだと思《おも》っている。ほめられると、すぐにてんぐになる。

よう子《こ》

かん太《た》のクラスメイト。かわいくて、性格《せいかく》のやさしい女《おんな》の子《こ》。学校中《がっこうじゅう》の生徒《せいと》が、よう子に目《め》をうばわれてしまうほど！

小学生《しょうがくせい》のまんが慣用句《かんようく》辞典《じてん》

改訂版《かいていばん》

金田一秀穂●監修

Gakken

はじめに

「腹《はら》が立《た》つ」ということばがあります。怒《おこ》った気持《きも》ちになるということです。よく考《かんが》えてください。おなかが立つのです。怒った気持ちになると、おなかが立ったようになるのでしょうか。では、ふだん、静《しず》かな気持ちでいるときは、おなかは寝《ね》ているのでしょうか。

タイの人《ひと》に、これはどういう意味《いみ》だと思《おも》うか聞《き》いてみたことがあります。すると、おなかが立つというのは、おなかに赤《あか》ちゃんができたことだろうと言《い》うのです。たしかに、おなかに赤ちゃんのいる人は、おなかが立っているように見《み》えます。

わたしたちは普通《ふつう》のことばをいろいろ言い換《か》えて、おもしろい表現《ひょうげん》を作《つく》って、自分《じぶん》の気持ちを表《あらわ》します。いろいろな人が作って、その中《なか》のいいものが、みんなに認《みと》められて、多《おお》くの人に使《つか》われるようになります。

この本《ほん》を読《よ》んで、いろいろなおもしろい表現を勉強《べんきょう》してみましょう。そして、あなたも新《あたら》しい慣用句《かんようく》を作ってみてください。

金田一秀穂《きんだいちひでほ》

慣用句《かんようく》ってなに？

↑かん太《た》　↑よう子《こ》　↑ダイゴ

↑ロボン　↑ロジー博士

ロボンは、人間《にんげん》のことばをよく知《し》らんから、教《おし》えてやってくれ。
はい！博士《はかせ》。ロボン、ぼくが手《て》を貸《か》してあげる。教えたことをよく頭《あたま》に入《い》れてね。
手を貸す？
頭に入れる？
エッ？
パカッ
どうぞ。
ワーッ
そうじゃなくて！
「手を貸す」というのは、手助《てだす》けする。「頭に入れる」は、覚《おぼ》えておくって意味《いみ》だよ。
こういうのを「慣用句《かんようく》」というんじゃ。

※うでをみがく→一九一ページ　口がすべる→六一ページ

※しりに火が付く→75ページ

目次《もくじ》

はじめに …… 1
慣用句《かんようく》ってなに？ …… 2
この辞典《じてん》の使《つか》い方《かた》 …… 12
第《だい》1章《しょう》 覚《おぼ》えておこう！ よく使《つか》う慣用句《かんようく》 …… 13

【あ】
相《あい》づちを打《う》つ …… 14
あおりを食《く》う …… 15
あげ足《あし》を取《と》る …… 16
あごで使《つか》う …… 17
足《あし》が地《ち》につかない …… 18
足《あし》が出《で》る …… 19
足《あし》が棒《ぼう》になる …… 20
足元《あしもと》を見《み》られる …… 21
味《あじ》をしめる …… 22
足《あし》を引《ひ》っ張《ぱ》る …… 23
あせを流《なが》す …… 24
頭《あたま》が痛《いた》い …… 25
頭《あたま》が下《さ》がる …… 26
あっけに取《と》られる …… 27
脂《あぶら》が乗《の》る …… 28
油《あぶら》を売《う》る …… 29
油《あぶら》をしぼる …… 30
あわを食《く》う …… 31

【い】
息《いき》を殺《ころ》す …… 32
板《いた》につく …… 33
一目《いちもく》置《お》く …… 34

【う】
後《うし》ろがみを引《ひ》かれる …… 35
うでが鳴《な》る …… 36
うでによりをかける …… 37
打《う》てばひびく …… 38
馬《うま》が合《あ》う …… 39

【え】
絵《え》になる …… 40

【お】
大《おお》ぶろしきを広《ひろ》げる …… 41
お茶《ちゃ》をにごす …… 42
折《お》り紙《がみ》付《つ》き …… 43

【か】
顔《かお》が利《き》く …… 44
顔《かお》から火《ひ》が出《で》る …… 45
顔《かお》にどろをぬる …… 46
顔《かお》をつぶす …… 47
かげがうすい …… 48
かたずをのむ …… 49
型《かた》にはまる …… 50
かたの荷《に》が下《お》りる …… 51
かたを落《お》とす …… 52
角《かど》が立《た》つ …… 53
かんにさわる …… 54

【き】
気《き》が置《お》けない …… 55
気《き》が散《ち》る …… 56
きびすを返《かえ》す …… 57
きもがすわる …… 58
きもをつぶす …… 59

【く】
くぎをさす …… 60
口《くち》がすべる …… 61
口《くち》を割《わ》る …… 62
くちびるをかむ …… 63
首《くび》を長《なが》くする …… 64

もくじ

【け】
けむに巻《ま》く……65
けりが付《つ》く……66
けんもほろろ……67
【こ】
ごまをする……68
【さ】
さじを投《な》げる……69
さばを読《よ》む……70
【し】
舌《した》を巻《ま》く……71
しっぽを出《だ》す……72
自腹《じばら》を切《き》る……73
しびれをきらす……74
しりに火《ひ》が付《つ》く……75
白《しろ》い目《め》で見《み》る……76
【す】
すずめのなみだ……77
図《ず》に乗《の》る……78
すねをかじる……79
すみに置《お》けない……80
【せ】
せきを切《き》ったよう……81
世話《せわ》を焼《や》く……82
先手《せんて》を打《う》つ……83
【た】
たががゆるむ……84
高《たか》をくくる……85
たなに上《あ》げる……86
【ち】
地《ち》に落《お》ちる……87
茶茶《ちゃちゃ》を入《い》れる……88
【つ】
つむじを曲《ま》げる……89
つめをとぐ……90
【て】
手《て》にあせをにぎる……91
出鼻《でばな》をくじく……92
手《て》も足《あし》も出《で》ない……93
手《て》を焼《や》く……94
てんぐになる……95
天《てん》びんにかける……96
【と】
堂《どう》に入《い》る……97
とほうに暮《く》れる……98
【な】
波風《なみかぜ》が立《た》つ……99
なみだをのむ……100
【に】
にえ湯《ゆ》を飲《の》まされる……101
にっちもさっちもいかない……102
にらみを利《き》かせる……103
【ぬ】
ぬるま湯《ゆ》につかる……104
ぬれぎぬを着《き》せられる……105
【ね】
ねこをかぶる……106
根《ね》も葉《は》もない……107
【の】
のどから手《て》が出《で》る……108
【は】
歯《は》が立《た》たない……109
白紙《はくし》にもどす……110
ばつが悪《わる》い……111
鼻《はな》が高《たか》い……112
話《はなし》に花《はな》がさく……113

話《はなし》のこしを折《お》る……114
歯《は》にきぬを着《き》せない……115
針《はり》のむしろ……116

【ひ】
額《ひたい》を集《あつ》める……117
一《ひと》あわふかせる……118
火《ひ》に油《あぶら》を注《そそ》ぐ……119
非《ひ》の打《う》ち所《どころ》がない……120
火花《ひばな》を散《ち》らす……121

【ふ】
ふに落《お》ちない……122
船《ふね》をこぐ……123
ふるいにかける……124

【ほ】
棒《ぼう》にふる……125
骨《ほね》を折《お》る……126

【ま】
間《ま》が悪《わる》い……127
的《まと》を射《い》る……128
真《ま》に受《う》ける……129

【み】
水《みず》と油《あぶら》……130
道草《みちくさ》を食《く》う……131
耳《みみ》をそろえる……132

【む】
虫《むし》が知《し》らせる……133
胸《むね》をなで下《お》ろす……134

【め】
芽《め》が出《で》る……135
目《め》から鼻《はな》へぬける……136

【も】
元《もと》も子《こ》もない……137

【や】
矢面《やおもて》に立《た》つ……138
山《やま》をこす……139

【ゆ】
指《ゆび》をくわえる……140

【よ】
横車《よこぐるま》をおす……141

【ら】
らく印《いん》をおされる……142

【ろ】
ろれつが回《まわ》らない……143

【わ】
我《われ》を忘《わす》れる……144
輪《わ》をかける……145

◆クイズ……146

第《だい》2章《しょう》 まだまだあるよ！ いろいろな慣用句《かんようく》……147

【頭《あたま》】
頭《あたま》が上《あ》がらない……148
頭《あたま》が固《かた》い……148
頭《あたま》に来《く》る……149
頭《あたま》を痛《いた》める……149
頭《あたま》をかかえる……150
頭《あたま》を働《はたら》かせる……150
頭《あたま》をひねる……151
頭《あたま》を冷《ひ》やす……151
頭《あたま》を丸《まる》める……152
頭《あたま》をもたげる……152

【目《め》】
目《め》が肥《こ》える……153
目《め》が覚《さ》める……153
目《め》がすわる……154
目《め》がない……154

もくじ

目《め》からうろこが落《お》ちる …… 155
目《め》に余《あま》る …… 155
目《め》に付《つ》く …… 156
目《め》の色《いろ》を変《か》える …… 156
目《め》を疑《うたが》う …… 157
目《め》をうばう …… 157
目《め》をかける …… 158
目《め》を配《くば》る …… 158
目《め》をこらす …… 159
目《め》を白黒《しろくろ》させる …… 159
目《め》を通《とお》す …… 160
目《め》を光《ひか》らせる …… 160
目《め》を引《ひ》く …… 161
目《め》を細《ほそ》くする …… 161
目《め》を丸《まる》くする …… 162
目《め》を回《まわ》す …… 162
目《め》を見張《みは》る …… 163
目《め》をむく …… 163

【まゆ】
まゆつば物《もの》 …… 164
まゆをひそめる …… 164

【鼻《はな》】
鼻《はな》であしらう …… 165
鼻《はな》で笑《わら》う …… 165
鼻《はな》にかける …… 166
鼻《はな》に付《つ》く …… 166
鼻《はな》を明《あ》かす …… 167
鼻《はな》を折《お》る …… 167

【口《くち》】
開《あ》いた口《くち》がふさがらない …… 168
口《くち》がうまい …… 168
口《くち》が重《おも》い …… 169
口《くち》がかたい …… 169
口《くち》が酸《す》っぱくなる …… 170
口《くち》が減《へ》らない …… 170
口《くち》に合《あ》う …… 171
口《くち》にする …… 171
口《くち》を切《き》る …… 172
口《くち》をそろえる …… 172
口《くち》を出《だ》す …… 173
口《くち》をとがらせる …… 173
口《くち》をぬぐう …… 174
口《くち》をはさむ …… 174

【耳《みみ》】
耳《みみ》が痛《いた》い …… 175
耳《みみ》が早《はや》い …… 175
耳《みみ》に入《い》れる …… 176
耳《みみ》にする …… 176
耳《みみ》にたこができる …… 177
耳《みみ》につく …… 177
耳《みみ》にはさむ …… 178
耳《みみ》を貸《か》す …… 178
耳《みみ》をかたむける …… 179
耳《みみ》をすます …… 179

【首《くび》】
首《くび》がつながる …… 180
首《くび》にする …… 180
首《くび》をかしげる …… 181
首《くび》をつっこむ …… 181

【手《て》】
手《て》が空《あ》く …… 182
手《て》がかかる …… 182
手《て》がこむ …… 183
手《て》が出《で》ない …… 183
手《て》に余《あま》る …… 184
手《て》に負《お》えない …… 184

手《て》に付《つ》かない …… 185
手《て》に乗《の》る …… 185
手《て》を入《い》れる …… 186
手《て》を打《う》つ …… 186
手《て》を切《き》る …… 187
手《て》を加《くわ》える …… 187
手《て》をこまねく …… 188
手《て》を引《ひ》く …… 188
手《て》を広《ひろ》げる …… 189
手《て》を回《まわ》す …… 189

【うで（腕）】
うでが上《あ》がる …… 190
うでに覚《おぼ》えがある …… 190
うでをふるう …… 191
うでをみがく …… 191

【胸《むね》】
胸《むね》が痛《いた》む …… 192
胸《むね》がおどる …… 192
胸《むね》がすく …… 193
胸《むね》に刻《きざ》む …… 193
胸《むね》に秘《ひ》める …… 194
胸《むね》を打《う》つ …… 194
胸《むね》を張《は》る …… 195
胸《むね》をふくらませる …… 195

【腹《はら》】
腹《はら》がすわる …… 196
腹《はら》が立《た》つ …… 196
腹《はら》をかかえる …… 197
腹《はら》をくくる …… 197
腹《はら》を探《さぐ》る …… 198
腹《はら》を割《わ》る …… 198

【こし（腰）】
こしがある …… 199
こしがぬける …… 199
こしが低《ひく》い …… 200
こしを折《お》る …… 200

【足《あし》・ひざ】
足《あし》がすくむ …… 201
足《あし》が付《つ》く …… 201
足《あし》が早《はや》い …… 202
足《あし》を洗《あら》う …… 202
足《あし》をうばわれる …… 203
足《あし》をのばす …… 203
ひざをくずす …… 204
ひざを進《すす》める …… 204
ひざを正《ただ》す …… 205
ひざをつき合《あ》わせる …… 205

【血《ち》】
血《ち》がさわぐ …… 206
血《ち》が上《のぼ》る …… 206
血《ち》のにじむような …… 207
血《ち》もなみだもない …… 207

【身《み》】
身《み》に付《つ》く …… 208
身《み》を粉《こ》にする …… 208

【息《いき》】
息《いき》が合《あ》う …… 209
息《いき》が長《なが》い …… 209
息《いき》をこらす …… 210
息《いき》をふき返《かえ》す …… 210

【心《こころ》】
心《こころ》が痛《いた》む …… 211
心《こころ》が動《うご》く …… 211
心《こころ》が通《かよ》う …… 212
心《こころ》がはずむ …… 212

【気《き》】
気《き》がある …… 213
気《き》が多《おお》い …… 213
気《き》にさわる …… 214
気《き》に病《や》む …… 214
気《き》を落《お》とす …… 215
気《き》を利《き》かせる …… 215
気《き》を配《くば》る …… 216
気《き》を許《ゆる》す …… 216

【力《ちから》】
力《ちから》がわく …… 217
力《ちから》になる …… 217
力《ちから》を落《お》とす …… 218
力《ちから》を貸《か》す …… 218

【声《こえ》】
声《こえ》がはずむ …… 219
声《こえ》をかける …… 219
声《こえ》を大《だい》にする …… 220
声《こえ》をのむ …… 220

【動物《どうぶつ》】
犬《いぬ》の遠《とお》ぼえ …… 221
牛《うし》の歩《あゆ》み …… 221
うなぎのねどこ …… 222

もくじ

うなぎ登《のぼ》(上《のぼ》)り……222
うのみにする……223
馬《うま》の骨《ほね》……223
おうむ返《がえ》し……224
同《おな》じ穴《あな》のむじな……224
からすの行水《ぎょうずい》……225
借《か》りてきたねこのよう……225
きつねにつままれる……226
つるの一声《ひとこえ》……226
とらの子《こ》……227
ねこの手《て》も借《か》りたい……227
ねこの額《ひたい》……228
はきだめにつる……228
はとが豆鉄《まめでっ》ぽうを食《く》ったよう……229
ふくろのねずみ……229

【虫《むし》】
ありのはい出《で》るすき間《ま》もない……230
おけらになる……230
かの鳴《な》くよう……231
くもの子《こ》を散《ち》らす……231
虫《むし》がいい……232
虫《むし》の居所《いどころ》が悪《わる》い……232

【植物《しょくぶつ》】
雨後《うご》の竹《たけ》の子《こ》……233
うり二《ふた》つ……233
木《き》で鼻《はな》をくくる……234
木《き》に竹《たけ》を接《つ》ぐ……234
草《くさ》の根《ね》を分《わ》けても……235
花《はな》も実《み》もある……235
花《はな》を持《も》たせる……236
一花《ひとはな》さかせる……236
実《み》を結《むす》ぶ……237
芽《め》をつむ……237

【数字《すうじ》】
一刻《いっこく》を争《あらそ》う……238
一矢《いっし》を報《むく》いる……238
一石《いっせき》を投《とう》じる……239
一線《いっせん》を画《かく》す……239
一《いち》も二《に》もなく……240
二足《にそく》のわらじをはく……240
二《に》の足《あし》をふむ……241
二《に》の舞《まい》を演《えん》じる……241
三拍子《さんびょうし》そろう……242
四《し》の五《ご》の言《い》う……242
四《よ》つに組《く》む……243
十指《じっし》に余《あま》る……243
百《ひゃく》も承知《しょうち》……244
うそ八百《はっぴゃく》……244

【カタカナ語《ご》】
エンジンがかかる……245
トップをきる……245
バスに乗《の》りおくれる……246
バトンをわたす……246
ピッチを上《あ》げる……247
ピリオドを打《う》つ……247
ピントが外《はず》れる……248
メスを入《い》れる……248
レールがしかれる……249
レッテルをはる……249

◆慣用句たしかめクイズ……250

エンジンがかかったゾ!
トップをきる。

この辞典《じてん》の使《つか》い方《かた》

意味《いみ》 見出《みだ》し語《ご》の意味を説明《せつめい》しているよ！

参考《さんこう》 必要《ひつよう》に応《おう》じて、ことばの由来《ゆらい》や役立《やくだ》つ知識《ちしき》などがのっているよ！

使《つか》い方《かた》 その慣用句《かんようく》をどのように使うのか、使い方がわかるよ！

注意《ちゅうい》 読《よ》み方・書《か》き方などで、とくに注意しなければならないことを説明したよ！

「じゃまをする」意味《いみ》の慣用句《かんようく》
こしを折《お》る↓二〇〇ページ
出鼻《でばな》をくじく↓九二ページ
横槍《よこやり》を入《い》れる…無関《むかん》係《けい》の者《もの》がじゃまをする。

関連《かんれん》する慣用句のほか、慣用句についての役立《やくだ》つ情《じょう》報《ほう》をしょうかいしたよ！

↓「参考《さんこう》に〇〇ページを見《み》ましょう」という意味のしるしだよ！

●おうちの方へ
慣用句を楽しく覚えるために

1　この辞典におさめてあることば

この辞典には、小学校の教科書に出てくる慣用句、日ごろよく使われている慣用句をおさめてあります。

それぞれの慣用句は、その意味を説くとともに、それらがどのように用いられるのかを示す例文（使い方）をまんがと文で紹介し、慣用句を楽しく学習できるように工夫しました。

第1章では、必ず覚えておきたい慣用句を取り上げました。これまでの中学入試に出た問題の中から、出題されやすい慣用句を優先して選び、あいうえお順（五十音順）にならべてあります。

第2章では、頭、目、手足、胸、腹など、人体各部に関係する慣用句をはじめ、動植物や数字、カタカナ語などに関連する慣用句をそれぞれ分類し、紹介しました。

2　書きあらわし方

漢字は、見出し語をのぞき、「常用漢字表」にしたがって示しました。送りがなは、「送り仮名のつけ方」にしたがって示しました。「常用漢字表」に出ていない漢字は、特別な場合をのぞき、ひらがなで書いてあります。

3　たしかめクイズ

巻末（二五〇～二五四ページ）には、慣用句のたしかめクイズをもうけましたので、力だめしをしてみましょう。

4　その他

知りたい慣用句を調べるときは、目次（六～十一ページ）でさがしましょう。

第《だい》1章《しょう》
覚《おぼ》えておこう！
よく使《つか》う慣用句《かんようく》
慣用句
明日《あした》は慣用句《かんようく》のテストをします。
エーーッ
テストはきらいだよ〜。
だいじょうぶだよ。
次《つぎ》のページから、身《み》の周《まわ》りでよく使う慣用句をしょうかいするよ。
さあ！ みんなもマンガを見《み》ながら覚《おぼ》えてね!!

相《あい》づちを打《う》つ

意味《いみ》 相手《あいて》の話《はなし》を聞《き》きながら「ええ」「なるほど」などと調子《ちょうし》を合《あ》わせて、合《あ》いの手《て》を入《い》れたり、うなずいたりする。

参考《さんこう》 「相づち」は鍛冶《かじ》（鉄《てつ》などをきたえる仕事《しごと》）で、師匠《ししょう》と弟子《でし》がかわるがわるにつちで鉄などを打つこと。

使《つか》い方《かた》 聞いている人《ひと》がタイミングよく相づちを打つと、とても話《はな》しやすい。

注意《ちゅうい》 「相づち」を、「合づち」や「相ずち」と書《か》かないこと。

相づちって何《なに》？

相づち

学芸会《がくげいかい》の衣装《いしょう》の打《う》ち合《あ》わせです。
かん太君《たくん》たち三人《さんにん》は同《おな》じ衣装です。
白《しろ》い服《ふく》に黒《くろ》いくつ下《した》で。
主役《しゅやく》じゃないんだ。テキトーでいいんだな。
ウン
はいはい
えー。こんな服だったの？
テキトーに相づちを打ってたらー

あおりを食《く》う

意味《いみ》 近《ちか》くにいたり、親《した》しい間《あいだ》がらだったりしたために、思《おも》わぬ災難《さいなん》やえいきょうを受《う》ける。

参考《さんこう》 「あおり」は、強《つよ》い風《かぜ》によって受ける大《おお》きな力《ちから》。「食う」は、身《み》に受ける、こうむる。「あおりを食らう」ともいう。

使《つか》い方《かた》 A《エー》社《しゃ》の倒産《とうさん》のあおりを食って次々《つぎつぎ》に関連《かんれん》の会社《かいしゃ》が倒産した。

注意《ちゅうい》 「食う」を、「食《た》べる」としないこと。

あおりは食《た》べ物《もの》？

似《に》た意味《いみ》の慣用句《かんようく》
そばづえを食う…自分《じぶん》に直接関係《ちょくせつかんけい》のないことで災難を受ける。けんかのそばにいて、思いがけず他人《たにん》が打《う》ち合《あ》うつえで打たれる意味から。

カーテンこっちによこせっ。
こっちもマブしいんだよ。
おい！手伝《てつだ》え！
あっ！そんなに引《ひ》っぱったら。
あぶないよ。
ビリ!! ビリ!! ビリ!!
わあ
きゅう
あおりを食ってぼくらまでしかられた。
いのこりでしゅうぜんだ。
スマン。
ちくちく
ちく

あげ足《あし》を取《と》る

意味《いみ》 人《ひと》のちょっとしたことばや言《い》いそこないを取《と》り上《あ》げて、こまらせるようなことを言ったりせめたりする。

参考《さんこう》 「あ(揚)げ足」は、すもうや柔道《じゅうどう》で、技《わざ》をかけようとしてうき上がった足。

その足をとらえてたおす意味《いみ》から。

使い方《つかいかた》 人のあげ足を取ってばかりいると、きらわれるよ。

注意《ちゅうい》 「揚げ足」を「上げ足」としないこと。

足のてんぷら？

「すもう」からできた慣用句《かんようく》

軍配《ぐんばい》が上がる…勝負《しょうぶ》がつく。

土《つち》がつく…負《ま》ける。

水《みず》が入《はい》る…勝負がつかないとき、しばらく休《やす》ませる。

わたしたち永遠《えいえん》に親友《しんゆう》でいようね。
うん
永遠なんてありえないねー。
ヘラヘラ
やあね。あげ足を取るようなこと言《い》って。
あげ足を取ってません。ハナシに水《みず》をかけたんでーす。
!
「水をさした」のマチガイでしょ。
あげ足を取られた！

あごで使《つか》う

ことばで
言《い》わないぞ

意味《いみ》 いばった態度《たいど》で人《ひと》を使《つか》う。人を軽《かる》く見《み》てこき使う。ことばや手《て》でしめさずにあごをちょっと動《うご》かすだけで指図《さしず》するような、いばった態度をいう。

参考《さんこう》 あごをつき出《だ》して命令《めいれい》する姿《すがた》が、いばって見えるところから。「あごの先《さき》で使う」ともいう。

使《つか》い方《かた》 えらくなると、急《きゅう》に部下《ぶか》をあごで使いはじめる人がいる。／人をあごで使うなんて、よくないよ。

「あご」の付《つ》く慣用句《かんようく》

あごが落《お》ちる…この上《うえ》なくおいしい。

あごが干上《ひあ》がる…収入《しゅうにゅう》が少《すく》なくなり、生活《せいかつ》にこまる。

あごを外《はず》す…大笑《おおわら》いするようす。

そっち！
もっとこっち！
人《ひと》をあごで使うなんて、
ホントはいやなんだ。
これくらい？
もうちょっと。

足《あし》が地《ち》につかない

意味《いみ》 ①こうふんや感動《かんどう》で、気持《きも》ちがおちつかない。②考《かんが》えや行動《こうどう》に裏付《うらづ》けがなく、しっかりしていない。

参考《さんこう》 足で地面《じめん》をしっかりふみしめていないようすから。

使《つか》い方《かた》 ①一等《いっとう》になったうれしさで、足が地につかない。／ピアノの発表《はっぴょう》の時間《じかん》がせまり、どきどきして足が地につかない。②理想《りそう》ばかり追《お》っていて、足が地につかない計画《けいかく》だ。

足が
ういてる？

似《に》た意味《いみ》の慣用句《かんようく》

天《てん》にものぼる心地《ここち》…うれしくてうきうきする気持ち。

気《き》が気でない…心配《しんぱい》したり、ものごとが気になったりして、おちついていられない。

えー。ナガタ選手《せんしゅ》が指導《しどう》してくれるの？
うん。行《い》かれない子《こ》のかわりに来《こ》ない？
行く行く！
ナガタ選手がボクのドリブルを見《み》てくれるー。
かん太《た》！足が地につかないんじゃない。
ほめられたりして、スカウトされちゃったりして！
あっ。
足をしっかりふんばってね！
スカッ

足《あし》が出《で》る

意味 予算《よさん》などで、予定《よてい》した金額以上《きんがくいじょう》にお金《かね》がかかる。赤字《あかじ》になる。

参考 「足」は出費《しゅっぴ》のこと。昔《むかし》、流通《りゅうつう》するお金を、足のようによく動《うご》くことから「おあし」と言《い》った。そこから、「足が出る」で出費が予定額《がく》をこえる意味《いみ》になった。「足を出《だ》す」ともいう。

使い方 今月《こんげつ》はゲームソフトを買《か》ったので、予定したこづかいより足が出てしまった。

似《に》た意味《いみ》の慣用句《かんようく》

持《も》ち出《だ》しになる…会合《かいごう》などの費用《ひよう》の足《た》りなくなった分《ぶん》を、自分《じぶん》が負担《ふたん》する。

使い方 今回《こんかい》の不足分《ふそくぶん》は幹事《かんじ》の持ち出しになった。

足《あし》が棒《ぼう》になる

意味《いみ》 長《なが》い間歩《あいだある》き続《つづ》けたり、立《た》ち続けたりして、足がたいへんつかれる。

参考《さんこう》 つかれた足の筋肉《きんにく》がかたくなり、棒のようになって、曲《ま》げたり動《うご》かしたりできなくなることから。「足が棒のようになる」「足を棒にする（＝ある目的《もくてき》のために長い間歩き回《まわ》る）」ともいう。

使《つか》い方《かた》 満員《まんいん》の新幹線《しんかんせん》の中《なか》で三時間《じかん》立ちっぱなしだったので、足が棒になってしまった。

棒は
かたいね！

「つかれる」意味《いみ》の慣用句《かんようく》

あごを出《だ》す…つかれはてて、動けなくなる。歩きつかれると、足が前《まえ》に出《で》ず、あごだけが出るかっこうになることから。

学研山
やっとおりてきた。
バスまでもう少《すこ》しです。
小休止《しょうきゅうし》。もう足が棒になった。
ハーッ
ツカレタ…
棒は棒でもキミのはゴボウみたい！
こっちのは、白《しろ》くて太《ふと》くてダイコンかぁ アハハ！
かん太《た》！校長先生《こうちょうせんせい》じゃないか。

足元《あしもと》を見《み》られる

意味《いみ》 相手《あいて》に弱《よわ》みを知《し》られ、利用《りよう》される。

参考《さんこう》 「足元」は「足下」とも書《か》いて、立《た》っている人《ひと》の足の下《した》の部分《ぶぶん》。昔《むかし》、かごをかつぐ職業《しょくぎょう》の人が、旅人《たびびと》の足のつかれ具合《ぐあい》を見て、料金《りょうきん》をつり上《あ》げたことからという。

使《つか》い方《かた》 貴重《きちょう》なCD《シーディー》をたくさん持《も》っている人に**足元を見られ**、大好《だいす》きな歌手《かしゅ》のCDを高《たか》く売《う》りつけられた。

顔《かお》は
見ないの？

「足元」の付《つ》く慣用句《かんようく》

足元に火《ひ》が付く…きけんがすぐ近《ちか》くまでせまる。

足元にもおよばない…相手とくらべものにならないほど、おとっている。

ボクもやってみたい！
ロボンには、つまんないんじゃないかな。
いちどだけやらせて！
おっとー
ねー。おねがい。
あとでね…。
ウワ!!
ケムシ
とってーとってくれー。
ラジコンやらせてくれる？
足元を見られた～!!

味《あじ》をしめる

意味《いみ》 いちどやってみてうまくいったことが、次《つぎ》もまたうまくいくように期待《きたい》する。

参考《さんこう》 「味」は、もののよしあし。おもしろみ。「し(占)める」は、すっかり自分《じぶん》のものとする。「味をおぼえる」ともいう。

使い方《つかいかた》 となりの家《いえ》のねこに余《あま》りものの魚《さかな》をやったら、味をしめて毎日《まいにち》やってくるようになった。

うまそ〜!

「味」の付《つ》く慣用句《かんようく》

味もそっけもない…何《なん》の味わいもおもしろみもない。あっさりしすぎていて、ものたりない。「そっけ(素っ気)」は、おもしろみ。あいそ。

チャリン
チャリン
あっ。
はい!
さっ
さっ
ぼうやありがとう。
お礼《れい》にあげましょう。
えー。いいの?
おもちゃ・ホビー
このへんでお金《かね》落《お》とす人《ひと》いないかなー。
味をしめたかん太《た》であった。

足《あし》を引《ひ》っ張《ぱ》る

意味《いみ》 ほかの人《ひと》の動《うご》きや成功《せいこう》のじゃまをする。またものごとがうまく進《すす》まないようにする。

参考《さんこう》 足を引っ張って、進むのをさまたげる意味《いみ》から。

使《つか》い方《かた》 悪《わる》いうわさを流《なが》し、対立候補《たいりつこうほ》の足を引っ張る。／円高《えんだか》（日本《にほん》の円の価値《かち》が、外国《がいこく》の通貨《つうか》の価値にくらべて高《たか》くなる）が、景気《けいき》の足を引っ張っている。／エラーでチームの足を引っ張る。

「じゃまをする」意味《いみ》の慣用句《かんようく》

こしを折《お》る→二〇〇ページ

出鼻《でばな》をくじく→九二ページ

横槍《よこやり》を入《い》れる…無関《むかん》係《けい》の者《もの》がじゃまする。

※「道草を食う」→131ページ参照《さんしょう》

あせを流《なが》す

意味《いみ》 ①運動《うんどう》や仕事《しごと》を、一生《いっしょう》けんめいにする。②ふろに入《はい》ったりして、あせをあらい流す。

参考《さんこう》 ①「あせ水《みず》たらす（一生けんめい働《はたら》いたり、努力《どりょく》したりするようす）」も同《おな》じ意味《いみ》。

使《つか》い方《かた》 ①放課後《ほうかご》、サッカーの練習《れんしゅう》にあせを流した。／父《ちち》は朝早《あさはや》くから畑《はたけ》仕事にあせを流している。②食事《しょくじ》の前《まえ》にひとふろ浴《あ》びてあせを流そう。

「あせ」の表《あらわ》す意味《いみ》

「あせばむ季節《きせつ》」など暑《あつ》さの意味のほかに、「額《ひたい》にあせして働く」「手《て》にあせをにぎる」（九一ページ）のように労働《ろうどう》やこうふん・きんちょうの意味も表す。

頭《あたま》が痛《いた》い

意《い》味《み》 心配《しんぱい》ごとや不安《ふあん》でなやむようす。また、対策《たいさく》や処理《しょり》になやむようす。実際《じっさい》に頭が痛《いた》むようす。頭痛《ずつう》がするようすから。

参《さん》考《こう》 「頭を痛める」は、あれこれ考《かんが》えなやむ。「頭が痛む」は、頭に痛みを感《かん》じる。頭痛がする。

使《つか》い方《かた》 子《こ》どもの成績《せいせき》がなかなか上《あ》がらず、頭が痛い。／ごみ処理の問題《もんだい》は、市《し》の担当者《たんとうしゃ》として頭が痛い。

「なやむ」意《い》味《み》の慣用句《かんようく》

頭をかかえる→一五〇ページ

居《い》ても立《た》っても居られない…心配で、じっとしていられない。

心《こころ》を痛める…心配する。なやむ。

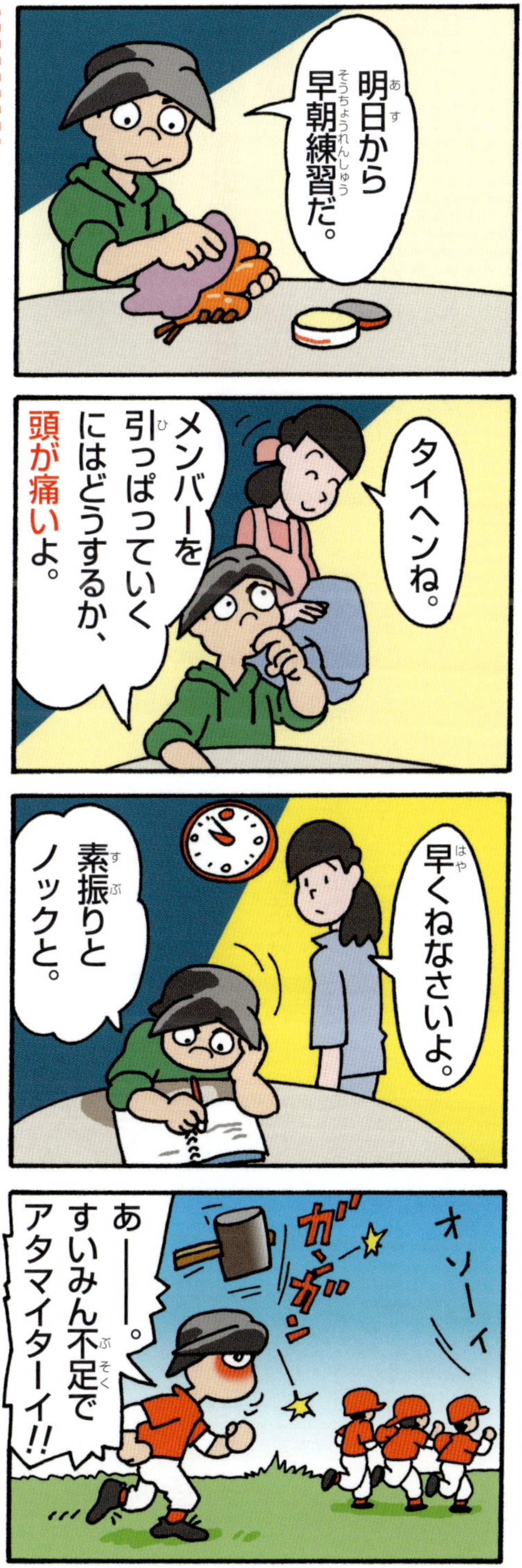

頭《あたま》が下《さ》がる

意味《いみ》 行《おこな》いがりっぱな相手《あいて》に、すっかり感心《かんしん》させられる。心《こころ》から尊敬《そんけい》の気持《きも》ちがわく。

参考《さんこう》 感心したとき、その相手をうやまう気持ちを表《あらわ》すために自然《しぜん》に頭を下げることから。

使《つか》い方《かた》 毎日《まいにち》、教室《きょうしつ》に花《はな》をかざったり、学級文庫《がっきゅうぶんこ》を整《せい》とんしたりしてくれているゆかりさんの行いには、頭が下がる思《おも》いだ。

りっぱな行いじゃ

「尊敬・感心」の意味《いみ》の慣用句《かんようく》

頭を下げる…①こうさんする。また、感心する。②たのむ。また、わびる。

一目置《いちもくお》く→三四ページ

昔《むかし》は洗《せん》たく機《き》もミシンもなくて
なんでも手《て》でやったものです。
頭が下がります。
イエ イエ…
昔のくらし しらべ
こんなの使《つか》いこなす、あなたたちには頭が下がるわ。

あっけに取《と》られる

意味《いみ》 あまりにも思《おも》いがけないことに出会《であ》って、おどろきあきれ、ぼんやりとしてしまう。

参考《さんこう》 「あっけ」は「呆気」と書《か》いて、ぼんやりしたようす。「取られる」は、そのようすになる意味《いみ》。

使《つか》い方《かた》 いつもおとなしいあかねさんが、健太君《けんたくん》のほおをパチンとたたいたので、みなあっけに取られ、目《め》をパチクリとさせていた。

「おどろく」意味の慣用句《かんようく》

度《ど》ぎもをぬかれる…思いがけないことに出会って非常《ひじょう》におどろく。

とむねをつかれる…思いがけないことに、おどろきあわてる。

脂《あぶら》が乗《の》る

意《い》味《み》 調子《ちょうし》が出《で》て、仕事《しごと》などがうまくいく。また、技術《ぎじゅつ》などが上達《じょうたつ》して、よい仕事をするようになる。

参《さん》考《こう》 魚《さかな》に脂肪分《しぼうぶん》がたっぷりついて、味《あじ》がよくなる意味《いみ》から。

のってるか〜い？

使《つか》い方《かた》 あの美術館《びじゅつかん》には、ぼくの大好《だいす》きな画家《がか》の、もっとも脂が乗った時期《じき》の作《さく》品《ひん》が多《おお》く集《あつ》められている。

注《ちゅう》意《い》 「脂」は動物《どうぶつ》の脂肪のこと。植物《しょくぶつ》のあぶらを表《あらわ》す「油《あぶら》」と書《か》かないこと。

「好調《こうちょう》になる」意味の慣用句《かんようく》

上《あ》げ潮《しお》に乗る…仕事や生活《せいかつ》が、上《のぼ》り調子《ちょうし》になる。「波《なみ》に乗る（↓九九ページ）」「調子《ちょうし》に乗る」も、同《おな》じような意味を表している。

かん太《た》本屋《ほんや》さんで買《か》い物《もの》してくれる？
ベストセラーだね。
そう。今《いま》、さいこうに脂が乗ってる作家《さっか》さんよ。
ダイスキ〜
行《い》ってきまーす。
いまがさいっこうアブラのってるよぉー
すごい人気《にんき》だね。
らっしぇい！
サンマ
あっ。魚屋《さかなや》さんか。

油《あぶら》を売《う》る

意味《いみ》 仕事《しごと》や用事《ようじ》のとちゅうで、むだ話《ばなし》などをしてなまける。

参考《さんこう》 江戸時代《えどじだい》、髪油《かみあぶら》を売る商人《しょうにん》が、客《きゃく》を相手《あいて》に、ゆっくり世間話《せけんばなし》などをしながら商売《しょうばい》をしたことから。

使《つか》い方《かた》 休《きゅう》けい室《しつ》で油を売っていないで、早《はや》く仕事にもどりなさい。／お母《かあ》さんは、いったいどこで油を売っているのだろう。買《か》い物《もの》に行《い》ったきりまだ帰《かえ》って来《こ》ない。

なまけるでない！

「油」の付《つ》く慣用句《かんようく》①

油が切《き》れる…活動《かつどう》のもととなる、気力《きりょく》も体力《たいりょく》もなくなる。

油紙《あぶらがみ》に火《ひ》が付いたよう…しゃべり出《だ》したら止《と》まらず、よくしゃべるようす。

ジーワ
ジーワ
今年《ことし》のお祭《まつ》りはね…
すし
あ…
ダイちゃん。油を売ってるとおこられるわよ。
コラ！
イケネェ
ジジッ
アブラゼミ
自分《じぶん》も油を売っていると思《おも》い、静《しず》かに反省《はんせい》するアブラゼミであった。
シーーーーン

油《あぶら》をしぼる

意味《いみ》 なまけたり、失敗《しっぱい》したりした者《もの》を、注意《ちゅうい》したり、しかったりして、きびしくこらしめる。

参考《さんこう》 油をしぼり取《と》るとき、大豆《だいず》やごまの種子《しゅし》を、搾木《しめぎ》というしぼり機《き》できつくしぼったことから。「油をしぼられる」ともいう。

使《つか》い方《かた》 最近《さいきん》、練習《れんしゅう》をなまけてばかりだといって、監督《かんとく》にこってりと油をしぼられた。

きびしそう

「油」の付《つ》く慣用句《かんようく》②

油を流《なが》したよう…海《うみ》や湖《みずうみ》で、波《なみ》がまったく立《た》たないおだやかなようす。

火《ひ》に油を注《そそ》ぐ→一一九ページ

水《みず》と油→一三〇ページ

かん太《た》おそいね。
先生《せんせい》に、油をしぼられてるんじゃないかなー。
ガミガミ
くどくど
たらいま～。
かん太がたいへん!
バッタリ
先生チームとドッジボールして、
アセかいたぁ。
アセしぼってたの?

あわを食《く》う

意味《いみ》 思《おも》わぬことに出会《であ》って、ひどくあわてる。うろたえる。

参考《さんこう》 「あわ（泡）」は、液体《えきたい》が空気《くうき》などをふくんで丸《まる》くふくらんだもの。また、口《くち》のはしに出《で》てくるつば。「あわをふく」は、細《こま》かいつば（またはそれに似《に》た物《もの》）をさかんに出《だ》す。また、気絶《きぜつ》する。

使い方《つかいかた》 兄《あに》は、わすれていた待《ま》ち合《あ》わせの約束《やくそく》を思《おも》い出《だ》し、あわを食《く》って飛《と》び出《だ》していった。

あわを
食《た》べるの？

ウ〜〜ウ〜〜
ハッ。
近《ちか》いみたい。
パパ どこに にげる？
待《ま》て、あわてるな。
あわを食って飛《と》び出《だ》すとケガするぞ。
くつをしっかりはけよ。
よし。ヒナンしろ。
もう消《き》えましたよ。

「あわ」の付《つ》く慣用句《かんようく》①

一《ひと》あわふかせる→二二ページ

水《みず》のあわ…長《なが》い間《あいだ》努力《どりょく》し苦労《くろう》してきたことが、むだになってしまうこと。水のあわはすぐ消《き》えることから。

息《いき》を殺《ころ》す

意味《いみ》 人《ひと》に気付《きづ》かれないためやきんちょうのため、静《しず》かに呼吸《こきゅう》をして、音《おと》や声《こえ》を立《た》てないようにする。

参考《さんこう》 「殺す」は、働《はたら》きをおさえる意味《いみ》。「息をこらす」「息をつめる」も同《おな》じような意味。

使い方《つかいかた》 となりの部屋《へや》であやしい物音《ものおと》がするので、息を殺して耳《みみ》をすませた。／サッカーのペナルティーキックを、観客《かんきゃく》が息を殺して見守《みまも》っている。

呼吸をおさえるの？

「息」の付《つ》く慣用句《かんようく》
息が合《あ》う・息が長《なが》い→二〇九ページ
息をこらす・息をふき返《かえ》す→二一〇ページ
息をのむ…思《おも》いがけないことや、感動《かんどう》などではっとする。

かくれんぼって？
わたしがオニで、かくれてるみんなを見《み》つけるの。
そのへんで息を殺して、
かくれていると思《おも》うわ。
そうじようぐ
見つけた。
もうだめだぁー。
もわっ
オナラでちゃった。
くさァ…

板《いた》につく

意味 自分《じぶん》の仕事《しごと》や役目《やくめ》・地位《ちい》などになれて、それにふさわしいようすになる。ぴったりと合《あ》う。

参考 「板」は、しばいの板ばりの舞《ぶ》台《たい》のこと。「つく」は、なじむ。役者《やくしゃ》が経験《けいけん》を積《つ》んで、演技《えんぎ》が舞台にしっくりなじむ意味《いみ》から。

使い方 半年前《はんとしまえ》に赤《あか》ちゃんを産《う》んだ姉《あね》のお母《かあ》さんぶりも、どうやら板についてきたようだ。

板って
何《なに》？

「しばい」からできた慣用句《かんようく》

大見得《おおみえ》を切《き》る…大げさに、自信《じしん》たっぷりの言《げん》動《どう》をする。かぶきの「大見得」から。

幕《まく》が開《あ》く…ものごとが始《はじ》まる。

らっしゃーい。
あ、せんせい
やあ！
へい！あがり。
職人《しょくにん》ぶりが、板についてきたね。
先生《せんせい》、まだまだでさぁ。
やぁ。オヤジさん。
せいぜいカマボコ板ていどだね。
カニカマ
まだ、これだけなんです。

一目《いちもく》置《お》く

意味《いみ》 相手《あいて》の人《ひと》が自分《じぶん》よりすぐれていることをみとめて、尊敬《そんけい》する態度《たいど》を取《と》る。一歩《いっぽ》ゆずる。

参考《さんこう》 「一目」は、囲碁《いご》で使《つか》う石《いし》（碁石《ごいし》）、一《ひと》つ。また碁ばんの一つの目《め》。囲碁で実《じつ》力《りょく》の下《した》の者《もの》が、先《さき》に石を一つ（数目《すうもく》のこともある）置《お》いて始《はじ》めることから。

使《つか》い方《かた》 パソコンにくわしい美咲《みさき》さんには、クラスのみんなばかりか、先生《せんせい》も一目置いている。

一目って何《なに》？

「相手より下《した》になる」意味《いみ》の慣用句《かんようく》

頭《あたま》が上《あ》がらない→一四八ページ
頭が下《さ》がる→二二六ページ
頭を下げる→二二六ページ

イチロー君《くん》には、野球《やきゅう》では先生《せんせい》も一目置いてるんだ。

いちもく？

漢字《かんじ》で書《か》くと「ひとつのめ」。碁《ご》の弱《よわ》い人《ひと》は、碁ばんの目《め》に先《さき》に石《いし》を置《お》かせてもらう。つまり、相手《あいて》を尊敬《そんけい》するってコトさ。

うんちく
へぇ～。

碁ばんにはいくつ目があるの？

え――っとね。

「19かける19」で、さんびゃくろくじゅういち。

フー

後《うし》ろがみを引《ひ》かれる

意味《いみ》 心残《こころのこ》りがして、そこを立《た》ち去《さ》りたくない気持《きも》ちがする。

参考《さんこう》 「後ろがみ（髪）」は、頭《あたま》の後ろに生《は》えている髪《かみ》の毛《け》。頭の後ろの髪を引《ひ》っぱられて、足《あし》が前《まえ》に進《すす》まない意味《いみ》からできたことば。

使《つか》い方《かた》 夏休《なつやす》みの林間学校《りんかんがっこう》で行《い》った山合《やまあ》いの村《むら》で、友《とも》だちがたくさんできたので、最後《さいご》の日《ひ》は後ろがみを引かれる思《おも》いで帰《かえ》ってきた。

ぼくは短髪《たんぱつ》だぞ！

「後ろ」の付《つ》く慣用句《かんようく》

後ろ指《ゆび》を指《さ》される…かげで悪口《わるくち》を言《い》われる。非難《ひなん》するような目《め》で見《み》られる。

後ろを見せる…敵《てき》に背中《せなか》を見せてにげる。弱《よわ》みを見せる。

先生《せんせい》は、この植物園《しょくぶつえん》が大好《だいす》きです。
ホントにすてき。
帰《かえ》るときはいつも名残《なごり》おしくて、後ろがみを引かれるようです。
先生！髪《かみ》がバラの枝《えだ》に！
ぎゅう～
花《はな》がわたしをひきとめるんですわ。

うでが鳴《な》る

意味《いみ》 自分《じぶん》の実力《じつりょく》を早《はや》くしめそうと、意気《いき》ごむ。

参考《さんこう》 「うで」は、腕前《うでまえ》、腕力《わんりょく》などのこと。「鳴る」は、じっとしていられない、うずうずするという意味《いみ》。そこから、腕前や腕力を発揮《はっき》する機会《きかい》が待《ま》ち遠《どお》しくて、はりきっている意味を表《あらわ》す。

使《つか》い方《かた》 明日《あす》はクラス対抗《たいこう》ソフトボール大会《たいかい》だ。強打者《きょうだしゃ》の中島君《なかじまくん》は、今《いま》からうでが鳴ると言《い》っている。

音《おと》がするの？

「腕前」の意味の慣用句《かんようく》

うでによりをかける→三七ページ
うでが上《あ》がる・うでに覚《おぼ》えがある→一九〇ページ
うでをふるう→一九一ページ

きょうは、メンバー少《すく》ないな。練習《れんしゅう》になるかな。
パパが手伝《てつだ》ってやろうか。
ホント?!
助《たす》かる！じゃ、先《さき》に行《い》くね。
学生時代以来《がくせいじだいいらい》だ。うでが鳴るゥ。
ムリしないのよ。
ノックの100や200平気《へいき》さ。
しっかりとれー
これも学生時代以来だ。
球《たま》ひろいの手伝いだった。

うでによりをかける

よりって何《なん》だ？

意《い》味《み》 自信《じしん》を持《も》っている自分《じぶん》の技術《ぎじゅつ》や能力《のうりょく》を、せいいっぱい発揮《はっき》しようとはりきる。

参《さん》考《こう》 「うで」は、腕前《うでまえ》のこと。「よりをかける」は、細《ほそ》い糸《いと》をねじって強《つよ》くすることから、ものごとを一生《いっしょう》けんめいにする意味《いみ》を表《あらわ》す。

使《つか》い方《かた》 母《はは》の日《ひ》に、日ごろの感謝《かんしゃ》の気《き》持《も》ちをこめて、わたしがうでによりをかけて料理《りょうり》を作《つく》った。

うでによりを
かけて作《つく》った
おせちよ！
…
アレ？
ン？
これ
マヨネーズ
かけると
ウマイ！
意外《いがい》に
キムチと
合《あ》うぞ。
勝手《かって》に
しなさい！

「はりきる」意味の慣《かん》用句《ようく》

意気《いき》があがる…やる気《き》が高《たか》まる。

鼻息《はないき》があらい…とても強気《つよき》で、意気ごみがはげしいようす。いせいがよい。

打《う》てばひびく

意《い》味《み》 相手《あいて》に話《はな》しかけたり提案《ていあん》したりすると、すぐに的確《てきかく》な返事《へんじ》や反響《はんきょう》などが返《かえ》ってくる。

参《さん》考《こう》 打つとすぐさま音《おと》が鳴《な》りひびく鐘《かね》にたとえたことば。

使《つか》い方《かた》 愛《あい》ちゃんは、小《ちい》さいときから打てばひびくようなかしこい子《こ》どもだった。／クラス会《かい》で、台風《たいふう》で被害《ひがい》を受《う》けた人《ひと》への助《たす》け合《あ》いの提案をしたら、打てばひびくように募金《ぼきん》が集《あつ》まった。

野球《やきゅう》のバットのこと？

楽器《がっき》に関係《かんけい》のある慣用《かんよう》句《く》

かね（鉦）やたいこで探《さが》す…大《おお》さわぎしてさがし回《まわ》る。

三味線《しゃみせん》をひく…適当《てきとう》なことを言《い》ってごまかす。

369わる45は？
8.2！！
打てばひびくように答《こた》えが返《かえ》る。キモチイー。
ロボンはかん太《た》の宿題《しゅくだい》を手伝《てつだ》っちゃダメだよ。こっちおいで。
そんなコトしてないよ。
これどっちがお得《とく》かな。
ポイント1.5倍
20%オフ
DVD
でんき
かでん
パパだってロボンをたよってるじゃないかー。

馬《うま》が合《あ》う

意味《いみ》 おたがいに気持《きも》ちがぴったりと合って、うまくやっていける。

参考《さんこう》 馬と乗《の》り手《て》の※息《いき》が合って、上《じょう》手《ず》に乗りこなすことができる意味《いみ》から、人《ひと》と人との関係《かんけい》がうまくいくようすを表《あらわ》すようになった。

使《つか》い方《かた》 めぐみさんとは性格《せいかく》が反対《はんたい》で、好《す》きなものもちがうのに、なぜか小《ちい》さいときから馬が合って、今《いま》でも仲良《なかよ》くしている。

馬に乗ってみたい！

似《に》た意味の慣用句《かんようく》

気《き》が合う…おたがいの気持ちがぴったり合う。

はだが合う…おたがいに考《かんが》え方《かた》や好《この》みが合い、うまくやっていける。

体《からだ》じゅうの羽《はね》をぬいてしまって…。
心《こころ》が不安定《ふあんてい》なのですね。
ピーッ
ピーッ
ほかの子《こ》といっしょに飼《か》ったらどうでしょう。
それで犬《いぬ》なの？
すごくおとなしい犬なんだ。
馬が合ったんだね。
ラッキー
ゲンキ
ワン
カワイイ

※「息が合う」→209ページ参照《さんしょう》

絵《え》になる

ぼくも
絵になる？

意味《いみ》 ①人《ひと》のすがたや風景《ふうけい》などが、絵の題材《だいざい》にするのにふさわしいくらいにすばらしい。②（画面《がめん》を絵にたとえた言《い》い方《かた》で）映画《えいが》・テレビなどで、すばらしい画面として映《うつ》し出《だ》すことができる。

参考《さんこう》 ①②とも、美《うつく》しい絵画《かいが》や映像《えいぞう》の題材としてふさわしいという意味《いみ》から。

使い方《つかいかた》 ①富士山《ふじさん》ほど、どの方角《ほうがく》から見《み》ても絵になる山《やま》はない。②かれは動《うご》きがはでなので、絵になる選手《せんしゅ》だ。

「絵」の付《つ》く慣用句《かんようく》

絵にかいたもち…実現《じつげん》する見《み》こみのないもの。また、実際《じっさい》の役《やく》に立《た》たないもの。

絵にかいたよう…ひじょうにあざやかですばらしいようす。

ちょうどにわか雨《あめ》がやんだな。
ロボン、パパ、虹《にじ》だぁ。
きれいー。
絵になるなー。
もう絵になってるよ。
ホントだ！

大《おお》ぶろしきを広《ひろ》げる

意味《いみ》 できそうもない大きな計画《けいかく》を立《た》てたり、実際以上《じっさいいじょう》に大げさなことを言《い》ったりする。

参考《さんこう》 「ふろしき」は、物《もの》を包《つつ》むのに使《つか》う四角《しかく》い布《ぬの》。「大ぶろしき」は大きなふろしきで、大きな計画や大げさな話《はなし》のたとえ。

使《つか》い方《かた》 大ぶろしきを広げるくせのあるかれのことばを、だれも信用《しんよう》しなくなってしまった。

ふろしきを
知《し》っとるか？

道具《どうぐ》を使った慣用句《かんようく》

ちょうちん（提灯）を持《も》つ…進《すす》んである人《ひと》の手先《てさき》となって行動《こうどう》したり、ほめて回《まわ》ったりする。

そろばんをはじく…損《そん》か得《とく》かを考《かんが》える。

転校生《てんこうせい》のよこみち君《くん》です。
よろしく。
パチ パチ パチ
体育《たいいく》とくい？
100m13秒《びょう》ってとこかな。
オー！…
だれも知《し》らないからって
大ぶろしきを広げてねぇか？
記録《きろく》こうしん！
カッコイイ
キャーッ
ヒー
はや！
ハー

お茶《ちゃ》をにごす

意味《いみ》 いいかげんなことやその場《ば》しのぎのことで、その場を何《なん》とかやりすごす。

参考《さんこう》 「お茶」はまっ茶のこと。茶道《さどう》の作法《さほう》を知《し》らない者《もの》が、適当《てきとう》にかきまぜてにごらせるだけという、いいかげんな方法《ほうほう》で茶を立《た》てて、その場をごまかしたことからという。

使《つか》い方《かた》 弟《おとうと》にサッカーのルールについて聞《き》かれたがわからないので、Jリーグ《ジェー》の選手《せんしゅ》のうわさ話《ばなし》でお茶をにごした。

にごった
お茶？

「茶」の付《つ》く慣用句《かんようく》

お茶の子《こ》さいさい…すらすらとかんたんにできること。

へそで茶をわかす…おかしくてたまらない。また、ばかばかしくてたまらない。

このお茶 おいしいねー。
あら。わかるの？
九州《きゅうしゅう》の「やめ」というところのお茶よ。
ふーん。どの辺《へん》の国《くに》？
国？ 九州は外国《がいこく》じゃないでしょ。
え？ あー そうだね。
あっ。ママの茶ばしらが立《た》ってるよ。
お茶をにごさないで！ 九州はどこ？

折《お》り紙《がみ》付《つ》き

意《い》味《み》 その人《ひと》やものの価値《かち》、実力《じつりょく》が本物《ほんもの》であると、世間《せけん》から広《ひろ》くみとめられていること。

参《さん》考《こう》 「折り紙」は、鶴《つる》などを折るものではなく、美術工芸品《びじゅつこうげいひん》の価値《かち》を保証《ほしょう》する鑑定書《かんていしょ》のことで、それが付いているのでたしかであるという意味《いみ》から。

使《つか》い方《かた》 だいすけ君《くん》は、折り紙付きのシュート力《りょく》を発揮《はっき》して、得点《とくてん》を五点もかせいだ。

折り紙って何《なに》？

「紙《かみ》」の付く慣用句《かんようく》

紙一重《ひとえ》の差《さ》…ひじょうにわずかしかないちがいのこと。

うす紙をはぐように…病気《びょうき》などが、少《すこ》しずつよくなっていくようす。

家事《かじ》ロボットが完成《かんせい》じゃ。
スイッチオン！
ギク
ハカセ、こんにちは。ご用《よう》は？
シャク
ことばも動作《どうさ》もイマイチ。
よーし。ふんぱつして最先端《さいせんたん》の部品《ぶひん》を使《つか》ってみよう。
まぁ。とってもいい気分《きぶん》ですわ。
さすがNASA《ナサ》の折り紙付きの部品じゃ。

顔《かお》が利《き》く

意味《いみ》 知《し》り合《あ》いの間《あいだ》がらであったり、信用《しんよう》されていたり、えいきょう力《りょく》があったりして、商売《しょうばい》の相手《あいて》などに無理《むり》を聞《き》いてもらえる。

参考《さんこう》 「顔」は、えいきょう力。「利く」は、通用《つうよう》する。

使い方《つかいかた》 父《ちち》の会社《かいしゃ》にとどけ物《もの》をしたら、この近《ちか》くに**顔が利く**店《みせ》があるからと言《い》って、ファミリーレストランに連《つ》れて行《い》ってくれた。

イケメンのこと？

「顔」の付《つ》く慣用句《かんようく》①

顔が売《う》れる…世間《せけん》に知《し》られ、有名《ゆうめい》になる。

顔がそろう…その場所《ばしょ》に来《く》るべき人《ひと》が全員集《ぜんいんあつ》まる。

顔が立《た》つ…体面《たいめん》がたもたれる。

おい！オレの顔が利くとこについてこい。
エッ
エッ
エーーン。
久《ひさ》しぶりー。
お！
ちわー。
アラ！
この子《こ》ころんでケガしてるんだ！
やぁ。キミか。
エーン。
けっこうやさしいヤツ！
お医者《いしゃ》さん

顔《かお》から火《ひ》が出《で》る

意《い》味《み》 はずかしくて、顔が真《ま》っ赤《か》になる。

参《さん》考《こう》 顔から火がもえ出るように、真っ赤になることから。

使《つか》い方《かた》 あわててTシャツ《ティー》を裏返《うらがえ》しに着《き》て外出《がいしゅつ》してしまい、とちゅうで気《き》が付《つ》いて、顔から火が出るような思《おも》いがした。／コンビニのレジでお金《かね》をはらおうとしたら、さいふをわすれたことに気が付いて、顔から火が出た。

顔が熱《あつ》く
なるね

「はずかしい」意《い》味《み》の慣用句《かんようく》

穴《あな》があったら入《はい》りたい…はずかしさで、その場《ば》にいられない。

きまりが悪《わる》い…ていさいが悪く、なんとなくはずかしい。

ココで待《ま》っててね。
ウン
静《しず》かに待っててエライわね。
ぼく何才《なんさい》？
とうねん（10年《ねん》）とってにじゅうでございなんちゃってー。わらっちゃイヤよー。
プ
フフフ
これ、ママのまね。
アハハハ
顔から火が出るわー。

顔《かお》にどろをぬる

意《い》味《み》 人《ひと》のめいよ・ていさいをきずつけたり、はじをかかせたりする。

参《さん》考《こう》 顔をどろでよごす意味《いみ》から。「顔をつぶす（次《つぎ》のページ）」「顔をよごす」「名《な》をけがす」も同《おな》じような意味。

使《つか》い方《かた》 わたしのおじさんは、三〇才《さい》をすぎたのに、親《おや》の顔にどろをぬるようなことばかりしている。／決《けっ》してあなたの顔にどろをぬるようなことはしませんから、会社《かいしゃ》への推《すい》せん状《じょう》を書《か》いてください。

どろのパック？

「顔」の付《つ》く慣用句《かんようく》②

顔が広《ひろ》い…知《し》り合《あ》いが多《おお》い。いろいろな方面《ほうめん》の人と交際《こうさい》している。

顔をくもらせる…心配《しんぱい》そうな、また、悲《かな》しそうな顔つきをする。暗《くら》い表情《ひょうじょう》をする。

大《おお》ドロボーロボットのドロロンが、世界《せかい》一《いち》のダイヤをぬすみ出《だ》しました。
ロボット仲間《なかま》の顔にどろをぬるような悪《わる》いヤツがいる！
なにしろ、ド・ロボー・だからね。
人間《にんげん》の顔にどろをぬるような最悪《さいあく》のギャグだね。
最近《さいきん》言《い》うねー。

顔《かお》をつぶす

意味《いみ》 人《ひと》のめいよをきずつけたり、はじをかかせたりする。

参考《さんこう》 「顔」は、体面《たいめん》。面目《めんぼく》。めいよ。「顔にどろをぬる」「顔をよごす」「名《な》をけがす」も同《おな》じような意味《いみ》。

顔をきず
つけるの？

使《つか》い方《かた》 全員《ぜんいん》で「ボランティアに参加《さんか》する」と言《い》ってしまったから、一人《ひとり》でも欠《か》けるとぼくが**顔をつぶさ**れるよ。／高級《こうきゅう》レストランに行《い》くのだから、おしゃれをして、きみの**顔をつぶさ**ないようにする。

「顔」の付《つ》く慣用句《かんようく》③

顔を出《だ》す…①つきあいで、会合《かいごう》などにちょっと出席《しゅっせき》する。あいさつなどのため、人の家《いえ》をたずねる。②かくれていたものが、表《おもて》に現《あらわ》れる。

先生《せんせい》に、三人《さんにん》で手伝《てつだ》いますって言《い》っちゃったんだぜ。
ぼくらやらないよ。
オレの顔をつぶす気《き》か?!
それ以上《いじょう》はつぶれない顔だよ！
アハハハハ…
って言おうとしたなー!!
何《なに》も言ってないってばー。

かげがうすい

意味《いみ》 ①元気《げんき》がなくて、おとろえたようすである。②地味《じみ》で目立《めだ》たず、印象《いんしょう》が弱《よわ》いようす。

参考《さんこう》 「かげ（影）」は、姿《すがた》・形《かたち》。存在《そんざい》感《かん》。「うすい」は、印象や存在感が小《ちい》さい。

使《つか》い方《かた》 ①手術《しゅじゅつ》して退院《たいいん》したあとの祖母《そぼ》は、何《なん》となくかげがうすくなったような印象がある。②かのじょは無口《むくち》でおとなしくて、教室《きょうしつ》の中《なか》でもかげがうすい存在だった。

「かげ」は
何《なん》のたとえ
だろう？

「かげ（影）」の付《つ》く慣《かん》用句《ようく》

かげが差《さ》す…①人《ひと》の気《け》配《はい》がする。②悪《わる》いきざしが現《あらわ》れる。

かげも形もない…何《なに》か行《おこな》われたことをしめすものが何一《ひと》つない。

やなぎ先生《せんせい》へ
部長会《ぶちょうかい》の
れんらくを
出《だ》さなきゃ。
ペン習字部《しゅうじぶ》？
こんなのあるのかァ。
へぇ
部員《ぶいん》が一人《ひとり》もいない
かげがうすい部
があってー。
ハハハ。
ペン習字部…
だれが
作《つく》ったか
いつからあるのか、
だ〜〜〜れも
知《し》らない部なの。
ぞぞっ

かたずをのむ

意味《いみ》 ものごとのなりゆきがどうなるかを、きんちょうして見守《みまも》るようす。

参考《さんこう》 「かたず」は、きんちょうして息《いき》をおさえているときに、口《くち》の中《なか》にたまるつば。「手《て》にあせをにぎる」（↓九一ページ）も、同《おな》じような意味《いみ》。

使い方《つかいかた》 テニスのマッチポイントのラリーの応酬《おうしゅう》を、観客《かんきゃく》がかたずをのんで見ている。／子《こ》どもが出《で》ている学芸会《がくげいかい》を、お母《かあ》さんがかたずをのんで見ている。

かたずって何《なん》だ？

「つば」に関連《かんれん》した慣用句《かんようく》

手につばをする…ものごとの前《まえ》に、意気《いき》ごむ。

天《てん》につばする…人《ひと》に害《がい》をあたえようとして、かえって自分《じぶん》がひがいを受《う》ける。

9回裏《かいうら》2アウト。ピッチャーここまで、1本《ぽん》もヒットをだしていません。
さあ、次《つぎ》の1球《きゅう》。
ドーム中《じゅう》がかたずをのんで
見守《みまも》っています。
ゴクッ
かたずってなに？
ちょっと待《ま》って。
やったー！完全試合《かんぜんじあい》だぜい。
かたずは？

型《かた》にはまる

意味《いみ》 ①決《き》まった形式《けいしき》にしたがっていて、新《しん》せんさがないようす。②職業《しょくぎょう》などの決まったしきたりが身《み》につく。また、そのために個性《こせい》がなくなる。

参考《さんこう》 「型」は、習慣《しゅうかん》となって決まっている形式。しきたり。

使い方《つかいかた》 ①結婚式《けっこんしき》などの、型にはまった長々《ながなが》としたあいさつは、たいくつなものだ。②経験《けいけん》を積《つ》んで、となりのお兄《にい》さんも職人《しょくにん》すがたが型にはまってきた。

きゅうくつ
そうだね

「型」の付《つ》く慣用句《かんようく》

型《がた》にはめる…ものごとを、決まったわくにはめこむ。個性を画一《かくいつ》的《てき》にする。

型のごとく…決まった形式どおりに行《おこな》われるようす。

たいへん ごぶさたをして 申《もう》しわけありません。
そうそう。
両親《りょうしん》の 代理《だいり》で おとどけ物《もの》を しに参《まい》りました。
その調子《ちょうし》でね。
おじさん たいへん ごぶさた……
型にはまった あいさつは いらんよ！ ほらほら。
おじさん 聞《き》いて！
おぼえて きたん だから。
ハイハイ…
ポリポリ

かたの荷《に》が下《お》りる

意《い》味《み》 責任《せきにん》や義務《ぎむ》を果《は》たして、気楽《きらく》になる。

参《さん》考《こう》 かた(肩)にかついだ重《おも》い荷物《にもつ》を下ろして、楽《らく》になることから。「荷が下りる」ともいう。

使《つか》い方《かた》 娘《むすめ》の結婚式《けっこんしき》から帰《かえ》ってきた両親《りょうしん》は、これでやっとかたの荷が下りたといわんばかりに、顔《かお》を見合《みあ》わせた。／委員《いいん》会《かい》の委員の任期《にんき》が終《お》わり、かたの荷が下りた。

荷物が
重《おも》そう

「かた」の付《つ》く慣用句《かんようく》①

かたがこる…神経《しんけい》を使《つか》ったり、きんちょうしたりして、つかれた気《き》分《ぶん》になる。

かたを入《い》れる…その人《ひと》を特別《とくべつ》に考《かんが》えて、応援《おうえん》する。

新《あたら》しい委員《いいん》さんが決《き》まったので、
1学期《がっき》の委員さんごくろうさま。
ぺこり
パチパチ
終《お》わったー。
かたの荷が下りたよ。
おつかれさま。
かあさん、とりあえずジュース。
自分《じぶん》でする！その前《まえ》にランドセルを片付《かたづ》けなさい！

かたを落《お》とす

元気《げんき》を出《だ》そう！

意味《いみ》 失望《しつぼう》したり、気力《きりょく》をなくしたりして、うなだれる。

参考《さんこう》 がっかりして力《ちから》がぬけ、かた（肩）が下《さ》がるようすから。

使《つか》い方《かた》 一回戦《いっかいせん》で負《ま》けてしまった選手《せんしゅ》は、かたを落としてて応援団《おうえんだん》の前《まえ》に整列《せいれつ》した。／祖父《そふ》に先立《さきだ》たれた祖母《そぼ》は、このところかたを落としている。／かれとの付《つ》き合《あ》いがうまくいかないのか、姉《あね》はこのごろかたを落としてしょげている。

「かた」の付《つ》く慣用句《かんようく》②

かたをすぼめる…はずかしい思《おも》いをしたときなどに、身《み》をちぢめるようす。

かたをならべる…対等《たいとう》な位置《いち》に立《た》つ。同《おな》じ力や勢《いきお》いをもつ。

どうしたんだよう。
みんな、工作《こうさく》うまいねぇ。
そんなコトで、
ため息《いき》なんかつくなよ。
かたを落とすな。
なで肩《がた》は生《う》まれつきだよ。

角《かど》が立《た》つ

意味《いみ》 相手《あいて》の反感《はんかん》をまねいて、人間関《にんげんかん》係《けい》が円満《えんまん》にいかなくなる。

参考《さんこう》 「角」は、人《ひと》の言動《げんどう》・性格《せいかく》などで、円満さを欠《か》いた、とげとげしいところ。「立つ」は、現《あらわ》れる。生《しょう》じる。

つのが出《で》るの？

使《つか》い方《かた》 クラブの後輩《こうはい》に自分《じぶん》が直接注意《ちょくせつちゅうい》すると**角が立つ**ので、同級生《どうきゅうせい》の口《くち》から言《い》ってもらった。／もともとのんびりしている人に、行動《こうどう》がおそいと注意すると、**角が立つ**。

「角」の付《つ》く慣用句《かんようく》

角が取《と》れる…世間《せけん》の暮《く》らしになれたり、人生《じんせい》の経験《けいけん》がゆたかになったり、苦労《くろう》を積《つ》んだりして成長《せいちょう》し、人《ひと》がらがおだやかになる。丸《まる》くなる。

有名《ゆうめい》ケーキ職人《しょくにん》
生《なま》クリームは、機械《きかい》を使《つか》わないで泡立《あわだ》てます。
かどが立つ寸前《すんぜん》までです。
センセイ！「角《つの》が立つ」というべきでは？
アッ よけいなコトを
そ、そう「ツノ」ですね。
でちゃったよっ!!
角《かど》が立つよ。

かんにさわる

意《い》味《み》 人《ひと》のことばや行動《こうどう》に腹《はら》が立《た》って、感情《かんじょう》を害する。ふゆかいな気分《きぶん》になる。

使《つか》い方《かた》 いちいち**かんにさわる**ようないじわるな言《い》い方《かた》をする、いやなやつだ。／おうへいなかれの言い方が、**かんにさわっ**た。

参《さん》考《こう》 「かん」は、おこりっぽく、すぐにこうふんしていらだつこと。また、そのような性質《せいしつ》。「さわる」は、害《がい》になる。

どこにさわるの？

ふゆかいな気持《きも》ちを表《あらわ》す慣用句《かんようく》

気《き》にさわる→二二四ページ

しゃくにさわる…ふゆかいになって、いかりの気持ちが起《お》こる。腹が立つ。

キッキィー
ウワァァ〜〜〜〜！
その音《おと》やめてぇ！
う〜。
かんにさわるよ。
ゴメンよ。わざとじゃないんだ。
信《しん》じられない。むしんけいだ。
サイテー！
かんにさわる言《い》い方《かた》だな。
とり消《け》せ。
だってー。
まあ
まあ

気《き》が置《お》けない

意《い》味《み》 親《した》しくてえんりょする必要《ひつよう》がなく、心《こころ》からうちとけることができる。

参《さん》考《こう》 「気」は、気づかい。えんりょ。「置けない」は、気づかい、きょりを置くことができない。

仲のいい友じゃ！

使《つか》い方《かた》 母《はは》は、気が置けない友《とも》だちとよくおしゃべりしている。／健一君《けんいちくん》とは、気が置けない仲《なか》なので、何《なん》でも相談《そうだん》できる。

注《ちゅう》意《い》 気心《きごころ》が知《し》れず気をゆるせない、の意味《いみ》で用《もち》いるのは誤《あやま》り。

「気」の付《つ》く慣用句《かんようく》①

気が進《すす》まない…そうしようとする気持《きも》ちになれない。

気がすむ…気がかりなことがなくなり、気持ちがおさまる。満足《まんぞく》する。

あのー。これから友《とも》だち来《く》るんで、少《すこ》しうるさいかも…。
学生《がくせい》さんのお友だちね。
幼《おさな》なじみで気が置けないヤツらが二、三人《にん》。
ハイハイ
ちわぁー。スシ10人前《にんまえ》おとどけ！
チキンセット半《はん》ダース！
お茶《ちゃ》とジュース4ケース！
ワイワイ
学生《がくせい》すもう部《ぶ》の人《ひと》たちだって。
楽《たの》しそうだね。

気《き》が散《ち》る

意味《いみ》 気持《きも》ちが、一《ひと》つのことに集中《しゅうちゅう》しなくなる。

参考《さんこう》 「気」は、心《こころ》の働《はたら》き。「散る」は、気持ちがあちこちにうつって、おちつかなくなる。

使《つか》い方《かた》 人《ひと》の話《はな》し声《ごえ》に**気が散って**、勉強《べんきょう》に集中できない。／**気が散ら**ないように静《しず》かな部屋《へや》で読書《どくしょ》をしたが、かえっておちつかなかった。／**気が散り**やすい性格《せいかく》を変《か》えようと、剣道《けんどう》を始《はじ》めた。

集中するのじゃ！

「気」の付《つ》く慣用句《かんようく》②

気がせく…急《いそ》がなければと、心があせっておちつかない。

気が遠《とお》くなる…①意識《いしき》がなくなる。②想像《そうぞう》することもできないほど規模《きぼ》が大《おお》きい。

ワルツだから、リズムに乗《の》ってね。
いちに、さん。いちに、さん。
いっちに、いっちに。
いっちにさん。
いっちに、いっちに。
音楽教室
気が散るわね。
いっちに、いっちに。

きびすを返《かえ》す

意味《いみ》 あともどりをする。引《ひ》き返す。

参考《さんこう》 「きびす」は「くびす」ともいい、足《あし》のかかとのこと。かかとを逆《ぎゃく》に向《む》ける意味《いみ》から。「きびすをめぐらす」「きびすを転《てん》じる」ともいう。

「きびす」って何？

使《つか》い方《かた》 何《なに》か忘《わす》れ物《もの》でも思《おも》い出《だ》したのか、急《きゅう》にきびすを返して、今《いま》来《き》た道《みち》をもどり始《はじ》めた。／議《ぎ》論《ろん》もここまでにつまってきたので、今《いま》さらきびすを返して、原《げん》点《てん》に立《た》ち返るわけにはいかない。

「きびす」の付《つ》く慣用《かんよう》句《く》

きびすを接《せっ》する…①人《ひと》が次々《つぎつぎ》にやってくる。②いくつかのものごとが、引き続《つづ》いて起《お》こる。「くびすを接する」ともいう。

映画《えいが》たのしみー。
あとは、かん太《た》君《くん》ね。
あ！来《き》たよ。
と思《おも》ったらきびすを返して行《い》っちゃった！
くるっ
どこ行くのー？
ママ～！チケット持《も》つのわすれたァ。
ピンポン
ピンポン
あれは、よう子《こ》さんが持ってくるんでしょ！
そうだったー。
くるっ

きもがすわる

きもは
立《た》たない
よ！

意味《いみ》 どきょうがあって、何事《なにごと》があってもおどろかない。

参考《さんこう》 「きも（肝）」は、ものごとにおどろかない精神力《せいしんりょく》。どきょう。「すわる」は、どっしりとおちついている意味《いみ》。「どきょうがすわる」ともいう。

使《つか》い方《かた》 かれは試合《しあい》でいくつものきびしい場面《ばめん》を経験《けいけん》しているだけあって、きもがすわっている。／本番《ほんばん》になって負《ま》けてもいいと思《おも》ったら、きもがすわってきた。

「きも」の付《つ》く慣用句《かんようく》①
きもが太《ふと》い…どきょうがあって、何事があっても、びくびくしない。物《もの》に動《どう》じない。「きもっ玉《たま》が太い（大《おお》きい）」「きもが大きい」ともいう。

おばけやしき
これコワイって聞《き》いたよ。
こわかねぇよ。
高《たか》いよー。
オレにつかまってろよ。
ダイゴはいつもきもがすわっているな。
ん？
でも、空腹《くうふく》にはたえられないんだ。
なあー。昼《ひる》メシ！もう歩《ある》けねぇ。

きもをつぶす

意味《いみ》 こわさや意外《いがい》なことで、ひじょうにびっくりする。おどろいて、あわてふためく。

参考《さんこう》 「きも（肝）」は、心《こころ》。「つぶす」は、心のおちつきをなくす意味《いみ》。

使《つか》い方《かた》 暗《くら》い道《みち》で、後《うし》ろからいきなり名《な》前《まえ》をよばれ、きもをつぶした。／道で出《で》会《あ》った美香《みか》さんと仲良《なかよ》くならんで歩《ある》いていたら、むこうからぼくの好《す》きな愛《あい》さんが歩いてきたので、きもをつぶした。

「きも」の付《つ》く慣用句《かんようく》②

きもにめいじる…心に深《ふか》くきざみつけてわすれない。

きもを冷《ひ》やす…あぶない目《め》などにあって、ぞっとする。ひやっとする。

ドキドキするぜ

ピンポロン
ただいま関
地震速報《そくほう》
なぁ。おかあさん関東《かんとう》で地震《じしん》やで。
地震多《おお》いなぁ。東京《とうきょう》のおばあちゃん、きもをつぶしてはるんやないやろうか。
ガタガタ
かん太《た》のとこ震度《しんど》3や。
電話《でんわ》でないわ。どないしょ。
キャーッ
地震に気《き》がつかない、かん太とおばあちゃんであった。
ガーッ

くぎをさす

意味《いみ》 あとで問題《もんだい》が起《お》こったり、約束《やくそく》をやぶったりしないように、相手《あいて》に注意《ちゅうい》しておく。

参考《さんこう》 くぎ（釘）をさしこんで動《うご》かないようにする意味《いみ》から。

使《つか》い方《かた》 お母《かあ》さんに、お年玉《としだま》をむだ使《づか》いしちゃだめよと、くぎをさされた。／今度《こんど》約束をやぶったら絶交《ぜっこう》だからねと、かのじょにくぎをさされた。／お父《とう》さんに言《い》うなよと、弟《おとうと》にくぎをさした。

打《う》つんじゃないよ

「くぎ」の付《つ》く慣用句《かんようく》

くぎ付《づ》けになる…人《ひと》やものごとのみりょくに夢中《むちゅう》になったり、動こうとするのを何《なに》かにじゃまされたりして、その場《ば》から動くことができなくなる。

やぁ。おつかい？
ウン
魚《さかな》をたのまれたんだ。
おつりをおだちんにもらうんだろ。
ノン ノン
もう、くぎをさされているんだ。
おつりなし。おだちんなし。
だから、自分《じぶん》でつっていくのさー。

口《くち》がすべる

意味《いみ》 言《い》ってはいけないことや、言う必要《ひつよう》のないことを、ついうっかり言ってしまう。

参考《さんこう》 「すべる」は、うっかりよけいなことを言う。「口をすべらす」ともいう。

使い方《つかいかた》 つい口がすべって友《とも》だちのひみつをもらしてしまい、絶交《ぜっこう》されてしまった。／口がすべってよけいなことを言ったばかりに、その場《ば》のふんい気《き》が気まずくなってしまった。

言ってはならぬ！

「口」の付《つ》く慣用句《かんようく》①

口がおごる…おいしいものを食《た》べなれていて、よほどいいものでないとおいしいと感《かん》じなくなる。

口がかかる…仕事《しごと》をしないかとさそわれる。

この読《よ》み方《かた》は、よくおぼえてね！
はかせ
博士
明日《あした》のぬきうちテストに必《かなら》ず出《だ》します。
あっ。
あしたテスト？
明日はしません。
ホッ
口がすべった。

くちびるをかむ

くちびるが痛《いた》そう！

意味《いみ》 くやしさやいかりを、じっとがまんする。

参考《さんこう》 くちびるをかみしめてこらえる意味《いみ》から。

使い方《つかいかた》 休養十分《きゅうようじゅうぶん》で登板《とうばん》したのに、一回《いっかい》でノックアウトされたエースは、くちびるをかんでマウンドをおりて行《い》った。／親友《しんゆう》が転校《てんこう》してしまい、くちびるをかんでさびしさをこらえていたかれに、最近《さいきん》よい友《とも》だちができたそうだ。

「くちびる」の付《つ》く慣用句《かんようく》

くちびるをとがらす…不平《ふへい》・不満《ふまん》のありそうな顔《かお》つきをする。また、不満そうに、ものを言《い》う。「口《くち》をとがらす」ともいう。

計算《けいさん》をまちがえて笑《わら》われた。
アハハハハ。
くちびるをかんだ！
くやし〜〜〜い
あんなに笑わなくたって。
その日《ひ》の夕方《ゆうがた》
ピンポ〜ン
はい
どこの新聞《しんぶん》とってるの？今《いま》なら粗品《そしな》さし上《あ》げるよー。
間《ま》にあってます。
うわ〜
ワカリマシタ

口《くち》を割《わ》る

意味《いみ》 かくしていたことを話《はな》す。白状《はくじょう》する。

参考《さんこう》 多《おお》く、悪《わる》いことを言《い》う場合《ばあい》に使《つか》う。「割る」は、かくしていることを白状する意味《いみ》。

使《つか》い方《かた》 犯人《はんにん》は警察《けいさつ》で動《うご》かぬ証拠《しょうこ》をつきつけられ、とうとう口を割った。／かのじょは、かくしていたかれのことについて、友《とも》だちに追及《ついきゅう》されてとうとう口を割った。

くち÷？＝？

「口」の付《つ》く慣用句《かんようく》②

口から先《さき》に生《う》まれる…おしゃべりな人《ひと》をけなして言うことば。

口が悪い…人にきらわれることを言ったり、けなしたりするようす。

ロボンは、ウソをつかないのよね。
このラクガキだれが書《か》いたの？
しゃべるな。
ぜったい口を割るなよ。
ご町内《ちょうない》の画家《がか》さんが、すっごくホメてたのよ。
エッ。ホント？
なーんてウソよ。
ボクがかいたの。
ボクです。
オレ！

首《くび》を長《なが》くする

意味《いみ》 あることが実現《じつげん》することや、人《ひと》がやってくるのを、待《ま》ち遠《どお》しく思《おも》うようす。待ちこがれるようす。

参考《さんこう》 やってくる方《ほう》を首をのばして見《み》る意味《いみ》から。「鶴首《かくしゅ》」も同《おな》じ意味。

使《つか》い方《かた》 お兄《にい》さんは、受験《じゅけん》の結果《けっか》の知《し》らせを、今《いま》か今かと**首を長くして**待っている。／来週《らいしゅう》、単身赴任《たんしんふにん》の父《ちち》が久《ひさ》しぶりに帰《かえ》ってくるので、家族中《かぞくじゅう》が**首を長くして**待っている。

ほんとうに
のびる？

「首」の付《つ》く慣用句《かんようく》

首が回《まわ》らない…借金《しゃっきん》などがあり、金《かね》がなくて、どうにもやりくりがつかないようす。

首をひねる…疑問《ぎもん》やなっとくできない気持《きも》ちで考《かんが》えこむ。

わたしの誕生日《たんじょうび》に、おじいちゃんが北海道《ほっかいどう》から来《く》るの。
へぇ・
待《ま》ち遠《どお》しくて。
首を長くして待っているのね。
ムッ
ろくろっ首になったりして―。
家《いえ》では
かん太《た》おそいなぁ。

けむに巻《ま》く

意味《いみ》 相手《あいて》の予想《よそう》しないことや、知《し》らないことを一方的《いっぽうてき》にまくしたてて、相手をまごつかせ、その場《ば》をごまかす。

参考《さんこう》 「けむ」は、けむり（煙）。けむりでまわりを取《と》り囲《かこ》み、本当《ほんとう》のことを見《み》えなくする意味《いみ》から。

使《つか》い方《かた》 国会《こっかい》の質問《しつもん》も、のらりくらりした答弁《とうべん》で、けむに巻かれてしまった。／かれは自分《じぶん》のことになると、いつもけむに巻いて、本当のことを言《い》わない。

けむって何《なに》？

「けむり」の付《つ》く慣用句《かんようく》

煙幕《えんまく》をはる…自分の本当の気持《きも》ちや行動《こうどう》を相手にさとらせないため、うまく言いつくろったり、ほかの話題《わだい》に変《か》えたりする。

キャンプー！

連休《れんきゅう》に、キャンプにつれてってー!!

キャンプで何《なに》がしたいんだ？

あのねー。まきでごはんをたくの。

最近《さいきん》は、やたらと火《ひ》をたいてはいけないんだぞ。CO2《シーオー》が、オゾン層《そう》が、地球温暖化《ちきゅうおんだんか》が、海面上昇《かいめんじょうしょう》が…学校《がっこう》で習《なら》っただろ。

あら。けむに巻かれたようだわ。

けりが付《つ》く

意味《いみ》 最終《さいしゅう》の結果《けっか》が出《で》て、ものごとが終《お》わる。決着《けっちゃく》がつく。

参考《さんこう》 「けり」は、昔使《むかしつか》われた「…た」の意味《いみ》を表《あらわ》すことば。和歌《わか》や俳句《はいく》が「けり」で終《お》わることが多《おお》いことから、終わりの意味になった。

使い方《つかいかた》 何度《なんど》も話《はな》し合《あ》ったので、もうそろそろけりが付くころだ。／最終回《かい》の逆《ぎゃく》転《てん》サヨナラホームランで、熱戦《ねっせん》にけりが付いた。

決着をつけるぜ！

似《に》た意味《いみ》の慣用句《かんようく》

決《き》まりが付く…ものごとの結果が決まる。決着がつく。

話《はなし》が付く…相談《そうだん》や交渉《こうしょう》がまとまる。もめ事《ごと》などが解決《かいけつ》する。決着がつく。

かん太《た》が、ケンカしてボコボコですって。
オレが学校《がっこう》に行《い》こう！
やりすぎちゃイカン。二人《ふたり》でよく話《はな》し合《あ》いなさい。
ちがうの
ケンカはしたけど。
えーい
仲直《なかなお》りのPK《ピーケー》戦《せん》をやってたら、
ハチの巣《す》に当《あ》てて、
もうけりが付いてるのか。
イテテ

けんもほろろ

意味《いみ》 人《ひと》のたのみなどを、ぶあいそうにはねつけるようす。

参考《さんこう》 「けん」も「ほろろ」もきじの鳴《な》き声《ごえ》。その「けん」に、「けんつく（とげとげしい言《い》い方《かた》をすること）」などの「けん」をかけたことばといわれる。

使《つか》い方《かた》 近《ちか》くにある会社《かいしゃ》の運動場《うんどうじょう》をかしてくれるようにたのんだが、けんもほろろにことわられた。

注意《ちゅうい》 「けんもほろろほろ」は誤《あやま》り。

鳥《とり》の鳴き声じゃ！

似《に》た意味《いみ》の慣用句《かんようく》
木《き》で鼻《はな》をくくる…一三三四ページ
取《と》り付《つ》く島《しま》もない…相《そう》談《だん》やたのみ事《ごと》をしたくても、相手《あいて》の態度《たいど》が冷《つめ》たくて、きっかけも見《み》つからない。

アニメまつり
受付
とちゅうでは入《はい》れません。ダメです。
そこをなんとか
アニメまつり
三時間《さんじかん》も待《ま》てない。来週《らいしゅう》だな。
えー!! 今日《きょう》見《み》たいよ。
あー！引《ひ》っぱるから券《けん》がボロボロじゃないか。
しまった。
このような券は、とりあつかえません。
けんもほろろだ。

ごまをする

意味《いみ》 人《ひと》に気《き》に入《い》られ、自分《じぶん》の利益《りえき》を得《え》るために、おせじを言《い》ったり、ごきげんを取《と》ったりする。

参考《さんこう》 すりばちでごまをすると、ごまがすりばちの内側《うちがわ》にべたべたとくっつくのを、あちこちの人にくっついてへつらうようすにたとえたものという。

使《つか》い方《かた》 きみがぼくの悪口《わるくち》を言っているのは知《し》っているのだから、今《いま》さらごまをすったってだめだよ。

すったらどうなる？

植物《しょくぶつ》を使《つか》った慣用句《かんようく》

いもを洗《あら》うよう…せまい所《ところ》に多《おお》くの人が集《あつ》まって、こんざつしているようす。

竹馬《ちくば》の友《とも》…幼《おさな》いころからの友だち。竹馬《たけうま》で遊《あそ》んだ友の意味《いみ》。

社長《しゃちょう》
カバンお持《も》ちします。
ウム。
かたをおもみします。
お孫《まご》さまかわいいそうで…
ウーム。
まったくどいつもごまをすりおって。
帰《かえ》ったぞ。
ごきげんどうでちゅか〜。
あそびまちょ〜。
プイ！

さじを投《な》げる

意味《いみ》 ものごとにこれ以上《いじょう》よくなる見《み》こみがないと判断《はんだん》して、手《て》を引《ひ》く。あきらめる。

参考《さんこう》 医者《いしゃ》が、薬《くすり》を調合《ちょうごう》するさじを投げすてるようすで、医者がかん者《じゃ》を見放《みはな》す意味《いみ》から。

使《つか》い方《かた》 どんなにていねいに教《おし》えても、いっこうにことばを覚《おぼ》えない九官鳥《きゅうかんちょう》に、ついにさじを投げてしまった。／すぐにさじを投げずに、まずは考《かんが》えなさい。

スプーンを投げちゃうの？

調理器具《ちょうりきぐ》を使《つか》った慣用句《かんようく》

同《おな》じかまの飯《めし》を食《く》う…ある期間《きかん》いっしょにくらし、苦労《くろう》や楽《たの》しみを共《とも》にする。

まないたのこい（鯉）…運命《うんめい》にまかせる状態《じょうたい》。

むずかしい算数《さんすう》の問題《もんだい》。
うーーん。
だめだぁ。
さじを投げる。
んー。イマイチ。
決《き》まらないわねぇ。
あー。おたま投げた。
しょうがない。ここまで。

さばを読《よ》む

意味《いみ》 物《もの》の数《かず》を数《かぞ》えるときや、年令《ねんれい》などを、自分《じぶん》につごうがいいようにごまかす。

参考《さんこう》 江戸時代《えどじだい》、魚市場《うおいちば》で、さば（鯖）はくさりやすいので急《いそ》いで数え、数をまちがえることが多《おお》かったからという。

使《つか》い方《かた》 わたしのおばあさんは、若々《わかわか》しいかっこうをして、動《うご》きもすばやいので、年令《ねんれい》を五才《ごさい》以上《いじょう》もさばを読んで気《き》づかれることはほとんどない。

ちゃんと数えなさい！

「魚《さかな》」に関連《かんれん》した慣用句《かんようく》

おひれが付《つ》く…実際《じっさい》にはなかったことが付け加《くわ》えられて、話《はなし》が大《おお》げさになる。

とどのつまり…結局《けっきょく》のところ。つまるところ。最後《さいご》の最後。

漢字《かんじ》テスト何点《なんてん》だった？
えーっと、だいたい80点。
かん太《た》は、15点さばを読んでます。
あ
さばを読むなんて、どこで覚《おぼ》えたんだ。
アンケートだもん。年《とし》は5才さば読んで。
ママがー

舌《した》を巻《ま》く

意味《いみ》 作品《さくひん》のできばえや、技《わざ》のすばらしさなどに、ひじょうにおどろき、感心《かんしん》する。

参考《さんこう》 おどろきのあまり舌が丸《まる》まり、声《こえ》が出《で》ないようすから。

えっ！
どうやるの？

使い方《つかいかた》 音楽会《おんがくかい》での、麻衣子《まいこ》さんのピアノ演奏《えんそう》のすばらしさに、みんなが舌を巻いた。／全国美術《ぜんこくびじゅつ》コンクールで入選《にゅうせん》した作品は、どれもこれも舌を巻くできばえだった。

「舌」の付《つ》く慣用句《かんようく》

舌が回《まわ》る…よどみなくよくしゃべる。すらすらとしゃべる。

舌を出《だ》す…その人《ひと》の見《み》ていないところや心《こころ》の中《なか》で、あざ笑《わら》う。ばかにする。

ぺたっ
すごーい！
パク
あの長《なが》い舌を口《くち》の中《なか》にたたんであるんだね。
そうだよ。
よくからまったりしないね。
きゅっ
そこに舌を巻いてるのか。

しっぽを出《だ》す

意味《いみ》 かくしていたことや、ごまかしていたこと、悪事《あくじ》などが、人《ひと》にわかってしまう。

参考《さんこう》 人間《にんげん》のすがたやさまざまなものに化《ば》けたきつねやたぬきが、しっぽを出《だ》して正体《しょうたい》を見《み》やぶられてしまう意味《いみ》から。「化けの皮《かわ》がはがれる」も同《おな》じ意味。

使《つか》い方《かた》 警察《けいさつ》の追及《ついきゅう》にも言《い》いのがれを続《つづ》けていた男《おとこ》が、調子《ちょうし》に乗《の》って※口《くち》をすべらせたことから、とうとうしっぽを出した。

だれのしっぽ？

「しっぽ」の付《つ》く慣用句《かんようく》

しっぽをつかむ…人のかくしごとやごまかし、悪事などのしょうこをにぎる。

しっぽをふる…利益《りえき》のためきげんを取《と》る。

あいつら、そろそろしっぽを出すころだぜ。
ロボン、見《み》ててもホントのしっぽは出てこないからね。
でないの…。
悪《わる》いヤツが、正体《しょうたい》を見せちゃうって意味《いみ》だから。
ふうん。
あっ、舌《した》を出したよ。
しっぽも出るかも。

※「口をすべらす」→61ページ参照《さんしょう》。

自腹《じばら》を切《き》る

意味《いみ》 必《かなら》ずしも自分《じぶん》で負担《ふたん》する必要《ひつよう》のない代金《だいきん》を、あえて自分ではらう。

参考《さんこう》 「自腹」は、自分の腹《はら》の意味《いみ》から、自分の持《も》っているお金《かね》。「切る」は、しはらう。

使《つか》い方《かた》 会社員《かいしゃいん》の父《ちち》は、仕事上《しごとじょう》のつき合《あ》いのことも考《かんが》えて、取引先《とりひきさき》の人《ひと》と自腹を切って飲《の》みに行《い》くこともあるそうだ。／理科《りか》クラブの予算《よさん》が少《すく》ないので、自腹を切って器材《きざい》を買《か》った。

本当《ほんとう》だったら大変《たいへん》だ！

「腹」の付《つ》く慣用句《かんようく》

腹を読《よ》む…相手《あいて》の考《かんが》えていることをおしはかる。心《こころ》の中《なか》を推測《すいそく》する。

腹をよじる…あまりにおかしくて、苦《くる》しくなるほど大笑《おおわら》いする。

くじでバスツアーが当《あ》たった。
出発《しゅっぱつ》までお買《か》い物《もの》をどうぞ。
お金《かね》は、はらわないの？
食事《しょくじ》もツアー料金《りょうきん》にふくまれているのさ。
名物
わさびまんじゅう
しかし、おみやげは自腹を切らにゃあ。
それ、三《さん》こね。
あー。びっくり。
ぼくも。

しびれをきらす

意味《いみ》 あまりに長《なが》く待《ま》たされて、がまんできなくなるようす。

参考《さんこう》 「しびれ」は、しびれること。長くすわっていたため、足《あし》の感覚《かんかく》がなくなる意味《いみ》から。

使《つか》い方《かた》 約束《やくそく》の時間《じかん》を一時間すぎても友《とも》だちが来《こ》ないので、とうとう**しびれをきらして**帰《かえ》ってきた。／待っていてもタクシーがなかなか来ないので、**しびれをきらして**歩《ある》き始《はじ》めた。

待つのは苦手《にがて》？

「からだの働《はたら》き」を使《つか》った慣用句《かんようく》

ねても覚《さ》めても…ねているときも起《お》きているときも。いつも。

夢《ゆめ》を見《み》る…実現《じつげん》しないような願《ねが》いを持《も》つ。空想《くうそう》する。

おばあちゃんまだー？
20分前《ぶんまえ》だよ。先《さき》に行《い》くよー！
まだだいじょうぶよ。
しびれをきらして行っちゃったわ。
気《き》が短《みじか》いねぇ。
10時《じ》にならなきゃ、デパートは開《ひら》かないんだから。
あと5分《ふん》。

しりに火《ひ》が付《つ》く

意味《いみ》 ものごとのようすやなりゆきがさしせまってきて、のんびりしていられなくなるようす。

参考《さんこう》 おしりに火が付くと熱《あつ》くて、少《すこ》しもがまんできない意味《いみ》から。

使《つか》い方《かた》 文集《ぶんしゅう》の原稿《げんこう》のしめ切《き》りがせまってしりに火が付いてきたので、家《いえ》にこもって仕上《しあ》げた。／父《ちち》の会社《かいしゃ》は売《う》り上《あ》げが落《お》ちているということで、父はしりに火が付いたように営業《えいぎょう》に回《まわ》っている。

ひゃ～！
熱そう！

「しり」の付《つ》く慣用句《かんようく》

しりが長《なが》い…他人《たにん》の家《いえ》にたずねて行《い》って話《はな》しこみ、なかなか帰《かえ》らない。

しりにしく…妻《つま》が夫《おっと》より強《つよ》く、思《おも》うままにふるまう。

友《とも》だちが来《く》るのか。パパがケーキを焼《や》いてやろう。
え！
三時《さんじ》のおやつによゆうよゆう。
シャカシャカ
あと5分《ふん》!!
しまった。しりに火が付いてきたぞ。
なんかケムリがー

白《しろ》い目《め》で見《み》る

意味《いみ》 さげすみやにくしみのまなざしで見《み》る。冷《ひ》ややかな目付《めつ》きで見る。

参考《さんこう》 「白い目」は、白い部分《ぶぶん》の多《おお》い目付き。悪意《あくい》のこもった、冷《つめ》たい目付きのこと。

そんな目で見ないで！

使《つか》い方《かた》 悪《わる》いことをしていないのに、しているのと誤解《ごかい》されて白い目で見られ、つらい思《おも》いをした。／五年生《ごねんせい》でバレーボール部《ぶ》のレギュラーになったら、生意気《なまいき》だと六年生《ろくねんせい》から白い目で見られた。

「目」の付《つ》く慣用句《かんようく》

大目《おおめ》に見る…多少《たしょう》の悪いことや欠点《けってん》をとがめないでおく。

長《なが》い目で見る…その時《とき》だけでなく、しょうらいのことも考《かんが》えて判断《はんだん》する。

タコのマスコットをひろった。
どこかで見《み》たような。
くるくる
あっ、かん太《た》くん!!
え？
スルッ
スポッ
それわたしの…
人《ひと》が白い目で見てるよ。
ないなァ…
ハズカシイ。

すずめのなみだ

意味《いみ》 金額《きんがく》やものの分量《ぶんりょう》が、ごくわずかであること。

参考《さんこう》 すずめは小《ちい》さい鳥《とり》なので、そのなみだはごくわずかであろうと考《かんが》えて、たとえた言《い》い方《かた》。

使《つか》い方《かた》 姉《あね》はまだ勤《つと》め始《はじ》めたばかりなので、ボーナスはすずめのなみだぐらいだったそうだ。／お年玉《としだま》を使《つか》いすぎて、貯《ちょ》金《きん》しようと思《おも》ったら、すずめのなみだぐらいしか残《のこ》っていなかった。

ほんの少《すこ》しだね

「鳥」が付《つ》く慣用句《かんようく》

飛《と》ぶ鳥を落《お》とす勢《いきお》い…勢力《せいりょく》や権力《けんりょく》がひじょうに強《つよ》いようす。

鳥はだが立《た》つ…寒《さむ》さやこわさのために、ぞっとする。感動《かんどう》のときに使うこともある。

今月《こんげつ》のボクのこづかいくれー。
そこにあります。
え！五千円《ごせんえん》？すずめのなみだじゃないかー。
だって、不景気《ふけいき》なんですから。
それでせいいっぱいなのよ。
でも…
でもなに？
そっちのはなんなんだー？
セール

図《ず》に乗《の》る

意味《いみ》 ものごとが思《おも》いどおりに進《すす》むと思って、いい気《き》になる。つけあがる。調《ちょう》子《し》づく。

参考《さんこう》 「図」は計画《けいかく》する意味《いみ》から、考《かんが》えたとおり。「乗る」は、機会《きかい》をうまく利《り》用《よう》する、つけこむ。似《に》た意味のことばに「調子に乗る」がある。

使《つか》い方《かた》 妹《いもうと》に、なかなかいい声《こえ》をしているねと言《い》ったら、図に乗って、コーラス部《ぶ》に入《はい》ったそうだ。

図って
何《なに》？

「図」の付《つ》く慣用句《かんようく》

図に当《あ》たる…ものごとが、見《み》こみどおりに進んでいって、成功《せいこう》する。思ったとおりになって成功する。「図」は、計画《けいかく》。たくらみ。考えたとおり。

バンッ
たいへん！たいへん！
クラスでボクだけ100点《てん》だった。
ま！すごいじゃない。
今夜《こんや》は特製《とくせい》ハンバーグね。
うん
エライエライ
1週間後《しゅうかんご》
今晩《こんばん》は特上《とくじょう》おすしにして！
いつまでも図に乗ってないの！

すねをかじる

意味《いみ》 子《こ》どもが社会《しゃかい》に出《で》る年令《ねんれい》になっても、自分《じぶん》のかせぎだけで生活《せいかつ》しないで、親《おや》の助《たす》けを借《か》りて生活する。

参考《さんこう》 「親のすねをかじる」「すねかじり」ともいう。

使い方《つかいかた》 姉《あね》は就職《しゅうしょく》したのに家《いえ》から通《かよ》っていて、いつまでも親のすねをかじっている。／就職したのを機《き》に家を出て、すねをかじるのをやめて、自活《じかつ》することにした。

わしも娘《むすめ》にかじられた

「すね」の付《つ》く慣用句《かんようく》

すねに傷《きず》持《も》つ…過去《かこ》に、人《ひと》にかくしておきたい悪《わる》いことをしていたり、人に言《い》えないひみつを持《も》っていたりする。やましいところがある。

？
アルバイトの本《ほん》なんか読《よ》んでんの？
しょうらいのために研究《けんきゅう》してるのさ。
アルバイト
となりに住《す》んでる大学生《だいがくせい》もアルバイトしてるな。
だろ？オレも大学行《い》くとして、
ママはこうでも、パパはこんなで、
いつまですねをかじれるか心配《しんぱい》だ。
学費《がくひ》かー。

すみに置《お》けない

意味《いみ》 その人《ひと》が、思《おも》った以上《いじょう》に能力《のうりょく》・知識《ちしき》などをかくし持《も》っていて、軽《かる》く見《み》られない。意外《いがい》に世間《せけん》をわたる知恵《ちえ》を持っていて、油断《ゆだん》できない。

参考《さんこう》 意外にすぐれていて、片《かた》すみの目立《めだ》たない所《ところ》に置《お》いておくわけにはいかない、の意味《いみ》。

真《ま》ん中《なか》に置く？

使《つか》い方《かた》 あんなに気立《きだ》てのいいかのじょがいるなんて、君《きみ》もなかなかすみに置けないね。

今日《きょう》はホワイトデー。先月《せんげつ》のバレンタインデーは、何《なに》も起《お》きなかった。
オレも。
だから、お返《かえ》しとか考《かんが》えなくていいのさ。
気楽《きらく》だな。
な。
あれ。
キャンデーいっぱい持《も》ってるじゃないか。
おまえ、すみに置けないなー。
お返しくばるの手伝《てつだ》うよ。
いいよ、いいよ。

「位置《いち》」に関《かん》する慣用句《かんようく》

下《した》にも置《お》かない…人をたいへんていちょうにもてなす。

高《たか》みの見物《けんぶつ》…自分《じぶん》には直接関係《ちょくせつかんけい》のない立場《たちば》でものごとをながめる。

せきを切《き》ったよう

意味《いみ》 それまでおさえられていたことが、いっぺんにあふれ出《で》てくるようす。

参考《さんこう》 「せき」は、川《かわ》や湖《みずうみ》の流《なが》れをせき止《と》める仕切《しき》り。せきを切ると、水《みず》が一気《いっき》に流《なが》れ出《だ》すことから。

使い方《つかいかた》 卒業式《そつぎょうしき》が終《お》わって、卒業生《そつぎょうせい》の女《じょ》生徒《せいと》たちはせきを切ったように泣《な》き出した。／上司《じょうし》がいなくなると、女子社員《じょししゃいん》たちは、せきを切ったようにおしゃべりを始《はじ》めた。

せき止めていたの？

「流れ」が付《つ》く慣用句《かんようく》

流れにさおさす…ものごとが順調《じゅんちょう》にはかどる。

流れをくむ…その系《けい》統《とう》・血統《けっとう》にぞくする。その流儀《りゅうぎ》や流派《りゅうは》を受《う》けつぐ。

いとこのナナちゃん、ひさしぶりでしょ。

コンチワ
こんにちは。

お茶《ちゃ》いれてくるわ。

あっ
な、なんか言《い》わなきゃ。

マンガ何《なに》が好《す》き？

わたしは「おしゃれバンド★レナ&ラブ」っていうマンガが、チョー大好《だいす》き！ ストーリーはね、小学六年生《しょうがくろくねんせい》の女《おんな》の子《こ》、レナとラブが、おしゃれなバンドを組《く》んで、歌《うた》やダンスの練《れん》習《しゅう》にはげむの！ それから、それから……

せきを切ったように…

世話《せわ》を焼《や》く

意味《いみ》 すすんで、あれこれ他人《たにん》のめんどうを見《み》る。

参考《さんこう》 「世話」は、気《き》を配《くば》って、めんどうを見ること。「焼く」も、めんどうを見る。

使《つか》い方《かた》 祖母《そぼ》は、孫《まご》たちの世話を焼くのがうれしそうだ。／あの人《ひと》は世話を焼くのが好《す》きなんだから、あれこれ言《い》わずにまかせておきましょう。／祖父《そふ》は、昔《むかし》から町内《ちょうない》の世話を焼いている。

ロボンには
世話を
焼くよ

「世話」の付《つ》く慣用句《かんようく》

世話が焼ける…他人の手助《てだす》けが必要《ひつよう》で、手数《てすう》がかかってめんどうである。

世話になる…人にめんどうを見てもらう。助《たす》けてもらう。

ヤサイ食《た》べて行《い》きなさいよ。
パコパコパコ
忘《わす》れ物《もの》はないかい？
おばぁちゃん！
赤《あか》んぼじゃないんだ。
いちいち世話を焼かないでください。
はいはい
おまえ、サンダルで行くの？
あ！

先手《せんて》を打《う》つ

意味《いみ》 相手《あいて》より有利《ゆうり》な立場《たちば》に立《た》つために、先《さき》にものごとを行《おこな》う。また、起《お》こるのが予想《よそう》できることにそなえ、いち早《はや》く対策《たいさく》を立てる。

参考《さんこう》 囲碁《いご》・将棋《しょうぎ》で、相手より先に最《さい》初《しょ》の一手《いって》を打つことから。「先手を取《と》る」ともいう。「先をこす」も似《に》た意味《いみ》。

使《つか》い方《かた》 お父《とう》さんにおこられそうだったので、先手を打って、好《す》きなサッカーの話《はなし》に持《も》ちこんだ。

先に
打った方が
有利さ！

「将棋」に関《かん》する慣用句《かんようく》

王手《おうて》をかける…勝負《しょうぶ》を決《き》める最後《さいご》の段階《だんかい》になる。

高飛車《たかびしゃ》に出《で》る…相手に対《たい》し、高圧的《こうあつてき》な態度《たいど》に出る。

ぱちん
出《で》た！ねこだまし。
おおっと、おし出《だ》したー。
あはは
あれで勝《か》っちゃったよ。
ほんとのネコでためしてみよう。
ニャ
のしのし
うわー。先手を打たれた。
にゃあう

たががゆるむ

意味《いみ》 規律《きりつ》がゆるんだり、精神《せいしん》のきんちょうがゆるんだりする。

参考《さんこう》 「たが」は、木《き》のおけやたるの周《しゅう》囲《い》にはめ、どうをおさえつける竹《たけ》や金属《きんぞく》の輪《わ》。たががゆるむと、おけやたるがきちんとしなくなってしまうことから。

使《つか》い方《かた》 そんなに同《おな》じミスを何回《なんかい》もするのは、**たががゆるんで**いるしょうこだ。／暑《あつ》さのために**たががゆるんで**、忘《わす》れ物《もの》が多《おお》くなった。

たがを知《し》っているか？

たが

おや、ホウキが出《だ》しっぱなし。
ミーンミンミン
そうじ当番《とうばん》さん、終《お》わってないの？
班長《はんちょう》がもどってないんです。
わー
ヤメロー
水遊《みずあそ》びしてる！たががゆるんでるみたいね。
先生《せんせい》、そのかっこうはなんですの？たががゆるんでますわよ!!
あの、
暑《あつ》いもんで。

高《たか》をくくる

意《い》味《み》 相手《あいて》の力量《りきりょう》を低《ひく》く見《み》て、たいしたことはないだろうとあなどる。見くびる。ばかにする。

参《さん》考《こう》 「高」は、ものごとの程度《ていど》。値打《ねう》ち。「くくる」は、軽《かる》く見る。

使《つか》い方《かた》 小学生《しょうがくせい》だからたいしたことはないだろうと高をくくって、土《ど》ひょうで胸《むね》をかしたら、いっぺんにおし出《だ》されてしまった。／高をくくっていたら、問題《もんだい》をとくのに時間《じかん》がかかった。

「高」って何《なん》だ？

「高」の付《つ》く慣用句《かんようく》

高が知《し》れる…その程度がわかる。また、程度がたいしたことはない。

高根《たかね》の花《はな》…遠《とお》くから見ているだけで、自分《じぶん》の手《て》には入《はい》らないもの。

今週《こんしゅう》は、復習《ふくしゅう》テストがあるのね。
うん。
のんびりしてて、だいじょうぶかしら。
小学三年生《しょうがくさんねんせい》までの問題《もんだい》だもん。カルイ、カルイ。
高をくくってると、後《あと》で泣《な》くわよ。
ボク四《よ》年生だよー。
フフッ
ありゃ？わからん。
復習しとくんだった。

たなに上《あ》げる

意味《いみ》 解決《かいけつ》がむずかしい問題《もんだい》や、自分《じぶん》の不利益《ふりえき》になるようなことにふれないで、そのままにしておく。

参考《さんこう》 ものをたな（棚）に上げて、そのましまっておく意味《いみ》から。

使い方《つかいかた》 自分のことを**たなに上げ**て、人《ひと》の批判《ひはん》ばかりするものではない。／かのじょは、自分のミスを**たなに上げ**て、人のミスはどんなに小《ちい》さいものでもゆるさない人だ。

たなの上《うえ》までとどかない！

「家《いえ》」に関《かん》する慣用句《かんようく》①
かべ（壁）が厚《あつ》い…仲《なか》直《なお》りや研究《けんきゅう》などの進行《しんこう》をさまたげるものがあって、乗《の》りこえて先《さき》に行《い》くのがむずかしい。障害《しょうがい》があって解決《かいけつ》がむずかしい。

あの花《はな》の白《しろ》く見《み》えるところは、花じゃないのさ。
へぇ。
この花、日《ひ》かげでかわいそうだ。
あの花は、日なたはキライなんだ。
え？ なんで？
すぐに人《ひと》に聞《き》かないで考《かんが》えなくちゃ。
おや。自分《じぶん》のことをたなに上げてる。

地《ち》に落《お》ちる

意《い》味《み》 高《たか》かった評判《ひょうばん》や権威《けんい》などが、あるものごとをきっかけにして、すっかりなくなってしまう。

参《さん》考《こう》 高《たか》い所《ところ》にあったものが、地上《ちじょう》に落ちる意《い》味《み》から。

ルックスよし。勉強《べんきょう》よし。スポーツよし。
サラサラ
あの転校生《てんこうせい》が来《き》て以来《いらい》、
オレの人気《にんき》は地に落ちた。
ヤツのライバルとして必《かなら》ず追《お》いついて、
人気をとりもどす。
向《む》こうはライバルとは思《おも》ってないんじゃ。
うるさい。九九《くく》を教《おし》えろ！

使《つか》い方《かた》 議員《ぎいん》としてのかれの名声《めいせい》も、今《こん》度《ど》の選挙《せんきょ》違反《いはん》で、すっかり地に落ちてしまった。／時代《じだい》の変化《へんか》にともなって、大《だい》学《がく》の権威も、今《いま》や地に落ちてしまったといわれる。

落ちたく
ないよ～

「地」の付《つ》く慣用句《かんようく》

地の利《り》を得《え》る…その土《と》地《ち》の場所《ばしょ》や地形《ちけい》が、そのものごとをするのにつごうがよく、有利《ゆうり》である。

地をはらう…すっかりなくなってしまう。

茶茶《ちゃちゃ》を入《い》れる

意味《いみ》 そばでひやかしやじょうだんを言《い》って、人《ひと》の話《はなし》のじゃまをする。

参考《さんこう》 「茶茶」は、わきから言うひやかしやじょうだんのこと。ふつう、「茶々」と書《か》く。「茶々がはいる」「茶々を付《つ》ける」ともいう。

使《つか》い方《かた》 まじめに相談《そうだん》しているところに、わきから茶々を入れないでもらいたい。／かれは、いつも話に茶々を入れるので、まじめな話をする気《き》がしない。

お茶を
いれるの？

似《に》た意味《いみ》の慣用句《かんようく》

くちばしをはさむ…自分《じぶん》とは関係《かんけい》ないことに、横《よこ》から口出《くちだ》しをする。「くちばしを入れる」ともいう。

口をはさむ↓一七四ページ

これでいいかな。
いいんじゃない。
イイジャマイカ！
キミ、あす日直《にっちょく》。
知《し》ってる。
ニッチョクシッチョル～～
お茶が、中国《ちゅうごく》から来《き》たときはね。
ニッポン
チャチャ
チャチャ
チャチャッ
茶々を入れすぎ！
イテェ…

つむじを曲《ま》げる

意味《いみ》 きげんをそこねて、わざとさからうような態度《たいど》をとる。ひねくれる。

参考《さんこう》 「つむじ」は、頭《あたま》のてっぺんの、毛《け》がうず巻《ま》き状《じょう》に生《は》えているところ。「へそを曲げる」も同《おな》じような意味《いみ》。

使《つか》い方《かた》 家族《かぞく》でケーキを食《た》べているところに帰《かえ》ってきた弟《おとうと》は、好《す》きなのが残《のこ》っていないと言《い》って、すっかり**つむじを曲げ**てしまった。／自分《じぶん》の意見《いけん》が通《とお》らないと言って**つむじを曲げる**ようでは、こまる。

博士《はかせ》に
つむじは
あるかな～

「頭」が付《つ》く慣用句《かんようく》

頭に入《い》れる…あることがらを、しっかりとおぼえておく。

頭をはねる…人《ひと》の取《と》り分《ぶん》の一部《いちぶ》を、前《まえ》もって自分のものにしてしまう。

ただいまー
ロボンがかん太《た》と遊《あそ》ぶって、ずっと待《ま》ってたわよ。
あっ。朝《あさ》やくそくしてたのわすれてた。
おこってるかな。
おかえり、かん太。
おそくなってゴメンよ。つむじを曲げてるかと思《おも》ったよ。
イスは曲げてみたよ。
ツムジないもん
やばい。おこってるよー。

つめをとぐ

意味《いみ》 大《おお》きな望《のぞ》みを持《も》って、それを実《じつ》現《げん》する用意《ようい》をし、その機会《きかい》をねらう。

参考《さんこう》 ねこなどが、えものをとろうとするとき、つめをみがいてするどくして待《ま》ちかまえるようすから。似《に》た意味《いみ》の慣用句《かんようく》に「きばをとぐ」がある。

使《つか》い方《かた》 リーグ戦《せん》で敗《やぶ》れたかれらは、仕《し》返《かえ》しの機会をねらって、つめをといでいるらしい。／選挙《せんきょ》に敗れた候補者《こうほしゃ》が、次《つぎ》をねらってつめをといでいる。

つめで
えものを
とるぜ！

「つめ・きば」が付《つ》く慣用句《かんようく》

つめのあかほど…ごくわずかな量《りょう》や程度《ていど》のたとえ。

きばをむく…敵意《てきい》をもって、今《いま》にも相手《あいて》に向《む》かっていこうとする。

本
あっ。
スウィート
チョコレート
おかしの本《ほん》なの？
うん！
パン
ケーキ
一月《いちがつ》になるとチョコの本って売《う》れちゃうでしょ。
バレンタインかぁ。
わたしは、今《いま》からつめをといでおくの。
半年《はんとし》がかりで。
フフフ…

手《て》にあせをにぎる

きんちょうすると
あせをかくよ

意味《いみ》 ものごとを見聞《みき》きしながら、そのなりゆきがどうなるか、きんちょうしたりこうふんしたりする。

参考《さんこう》 きんちょうしたりこうふんしたりして手を強《つよ》くにぎりしめていると、手の平《ひら》にあせをかくことから。

使《つか》い方《かた》 横綱同《よこづなどう》士《し》の大一番《おおいちばん》を、テレビの前《まえ》で**手にあせをにぎって**見《み》つめている。／**手にあせをにぎる**J《ジェー》リーグの熱戦《ねっせん》も、○対《たい》○の引《ひ》き分《わ》けに終《お》わった。

「手」の付《つ》く慣用句《かんようく》①

手が後《うし》ろに回《まわ》る…悪《わる》いことをして、警察《けいさつ》につかまる。

手が回らない…いそがしかったり、お金《かね》が足《た》りなかったりして、処理《しょり》できない。

組別《くみべつ》リレースタートです。
みんながんばれー。
本部
ワーーッ
おいつけ、おいこせ!
手にあせをにぎる展開《てんかい》ね!
ワー
がんばれ!!
白組《しろぐみ》もう少《すこ》し!
ワァァァ
パンパーン
ついにぎりしめちゃって。
ゴメンナサイ
リレー1等
しろぐみ

出鼻《でばな》をくじく

意味《いみ》 相手《あいて》が意気《いき》ごんで何《なに》かを始《はじ》めようとしたところや、始めたばかりのところをじゃまして、やる気《き》をなくさせる。

参考《さんこう》 「出鼻」は、ものごとをやろうとしたとき。また、始めたばかりのとき。「ではな（出端）」ともいう。

使い方《つかいかた》 ゴールデンウィークの初《はじ》めの日《ひ》なのに、朝《あさ》から土砂《どしゃ》ぶりで出鼻をくじかれた。／強《つよ》い相手《あいて》に勝《か》つには、先取得点《せんしゅとくてん》をして出鼻をくじくしかない。

最初《さいしょ》が肝心《かんじん》なのに～

似《に》た意味《いみ》の慣用句《かんようく》

機先《きせん》を制《せい》する…ほかの人《ひと》より先《さき》にものごとを始めて、相手の勢《いきお》いや意欲《いよく》をなくす。「先手《せんて》を打《う》つ（→八三ページ）」「先《せん》をこす」も同《おな》じような意味。

さいしょのゴールは、オレが決《き》める！
あ
出鼻をくじかれた。
ちく ちく ちく ちく
思《おも》いっきり走《はし》れなーい。
げんき、だせー

手《て》も足《あし》も出《で》ない

意《い》味《み》 相手《あいて》が、自分《じぶん》の能力《のうりょく》・実力《じつりょく》をはるかにこえていて、対応《たいおう》する手段《しゅだん》が見《み》つからない。

参《さん》考《こう》 「手」も「足」も、対応するための手段。まったく対応できない意味《いみ》から。

使《つか》い方《かた》 あれだけのスピードボールを投《な》げられては、うちのチームでは全員《ぜんいん》が**手も足も出ない**。／上級《じょうきゅう》の試験《しけん》にチャレンジしたが、むずかしすぎて**手も足も出なかった**。

口《くち》も出せないの？

「手」の付《つ》く慣用句《かんようく》②

手に取《と》るよう…そのものごとが、目《め》の前《まえ》にあるように、よく見《み》えたり聞《き》こえたりするようす。

手に成《な》る…その人《ひと》によって作《つく》られる。

今《いま》のうちに、
ゴールをせめるぞ。
あー。ぬかれてる。
あ!
とたとた
さっ
さっ
今日《きょう》のお昼《ひる》は焼肉丼《やきにくどん》だよー。
うおーー。
だめだぁ。ああなったら、手も足も出ないや。

手《て》を焼《や》く

意味《いみ》 そのものしまつをつける方法《ほうほう》や対応策《たいおうさく》が見《み》つからず、こまりはてる。うまく対応できず、もてあます。てこずる。

参考《さんこう》 「手」は、手段《しゅだん》・方法。「焼く」は、処理《しょり》にこまる。

使《つか》い方《かた》 お母《かあ》さんは、いたずらぼうずに手を焼いている。／ぼくは、かのじょの気《き》持《も》ちがくるくる変《か》わるのに、手を焼いている。

ホントだったらこわい！

「手」の付《つ》く慣用句《かんようく》③

手をかける…時間《じかん》や労力《ろうりょく》をおしまずに、十分《じゅうぶん》に世話《せわ》をする。

手をわずらわす…人《ひと》の世話になる。手助《てだす》けをしてもらったりして、手数《てすう》をかける。

わぁ〜。ティッシュが。
あー！書類《しょるい》が。
インコのいたずらに、手を焼くよ。
デモカワイーーネ。
人間《にんげん》のセリフを。
ニクメナイネ。
ダセヨ

てんぐになる

てんぐの鼻は高いぞ！

意味《いみ》 能力《のうりょく》や実力《じつりょく》がすぐれているとうぬぼれて、得意《とくい》になる。いい気《き》になって人《ひと》を見下《みくだ》す。

参考《さんこう》 「てんぐ」は、鼻《はな》が高《たか》く空《そら》を飛《と》ぶといわれた化《ば》け物《もの》。得意であることを「※鼻が高い」ということから。

使い方《つかいかた》 少《すこ》し成績《せいせき》がよかったといって、てんぐになっているようではだめだ。／足《あし》が速《はや》いとてんぐになっている明君《あきらくん》を負《ま》かして、鼻を明《あ》かしてやった。（→一六七ページ）

「おに（鬼）」が付《つ》く慣用句《かんようく》

おにが笑《わら》う…実現《じつげん》しそうもないことを言《い》う人を、からかうことば。

おにのかくらん…ふだんじょうぶな人が、病気《びょうき》にかかること。

ゴール！
ハットトリック。
まあ、こんなもんさっ。
オレが入《はい》れば勝《か》ちってことだな。
負《ま》け知《し》らず。
おいおい。てんぐになるなよ。
テング？いいね！
おれを大《だい》てんぐとよんでくれ。
あおっちゃった。

※「鼻が高い」→112ページ参照《さんしょう》。

天《てん》びんにかける

はかる道具《どうぐ》を使《つか》った慣用句《かんようく》じゃ

意《い》味《み》 ①どちらかを選《えら》ぶため、二《ふた》つのもののどちらがいいか、どちらが得《とく》かなどを、くらべてみる。②対立《たいりつ》する二つのもののうち、どちらが有力《ゆうりょく》になってもいいように、どちらにも関係《かんけい》をつけておく。「両天《りょうてん》びんにかける」ともいう。

参《さん》考《こう》 天びんばかりで、はかる意味《いみ》から。「はかりにかける」ともいう。

使《つか》い方《かた》 勉強《べんきょう》とスポーツを天びんにかけて、スポーツを選んだ。

「てこ」が付《つ》く慣用句《かんようく》

てこ入《い》れをする…不調《ふちょう》なものごとが活発《かっぱつ》になるよう、手助《てだす》けをする。

てこでも動《うご》かない…どんな手段《しゅだん》・方法《ほうほう》をとっても動かない。

合唱部《がっしょうぶ》に入《はい》らない？
んー。ぼくの好《す》きなアニメソングも歌《うた》うなら入るよ。
生物部《せいぶつぶ》でメンバーぼしゅう。
クワガタ飼《か》ってくれたら入る。
エヘヘ。モテモテ。
どっちに入ろうかなー。天びんにかけちゃおう。
メンバー集《あつ》まったからいいや。
エーッ！

堂《どう》に入《い》る

意味《いみ》 ものごとに十分《じゅうぶん》になれていて、欠点《けってん》がまったくない。技術《ぎじゅつ》などがよく身《み》についている。

参考《さんこう》 もとは、学問《がくもん》や芸術《げいじゅつ》などを十分におさめ、身につけているようす。

使《つか》い方《かた》 子役《こやく》の俳優《はいゆう》の堂に入った演技《えんぎ》に、大人《おとな》の役の人《ひと》たちが食《く》われてしまったそうだ。／小学生《しょうがくせい》でフィギュアスケートの大会《たいかい》に出《で》たかのじょの演技は、堂に入っていた。

堂は
建物《たてもの》なんだ

「家《いえ》」に関《かん》する慣用句《かんようく》②

しきいが高《たか》い…義理《ぎり》を果《は》たしていないことや、面目《めんぼく》ないことなどがあり、その家に行《い》きづらい。

門《もん》をたたく…弟子《でし》入《い》りを願《ねが》って、おとずれる。

句会《くかい》は、はじめてです。よろしく。
ドーゾ ドーゾ
ほう。
校庭《こうてい》に 球追《たまお》う子《こ》らの かげ長《なが》し
学校《がっこう》の先生《せんせい》らしい。
なかなか。
つゆの朝《あさ》 ひらく七《なな》つの かさの色《いろ》
堂に入っている。
これ児童《じどう》の作品《さくひん》なんですが…。
エーッ

とほうに暮《く》れる

意味《いみ》 とるべき手段《しゅだん》や方法《ほうほう》がわからなくて、どうしたらよいかわからず、こまりはてる。

参考《さんこう》 「とほう（途方）」は、手段や方法。「暮れる」は、心《こころ》が暗《くら》くなる意味《いみ》から。

使い方《つかいかた》 どうしていいか見通《みとお》しが立《た》たなくなる。道《みち》にまよってしまい、空《そら》も暗くなってきたので、とほうに暮れてしまった。／お金《かね》を落《お》としてしまい、さがしても見《み》つからないので、とほうに暮れた。

とほう
って何《なに》？

「とほう」の付《つ》く慣用句《かんようく》

とほうもない…①道理《どうり》やすじみちに合《あ》わない。②ものごとの程度《ていど》が常識《じょうしき》からひどくはずれている。とんでもない。

次は ムムのうえん
1 2 3 4 5 6
あ！ 行《い》き先《さき》の ちがうバスに 乗《の》っちゃった！
とにかく おりたけど、
ここどこ？
ブーッ
だれかに 聞《き》きたいけど、キャベツ 畑《ばたけ》ばっかり。
とほうに 暮れる。
いたいた！ かん太君《たくん》、むかえに きたぞ。
ハカセー！ ※地獄《じごく》で仏《ほとけ》！

※「地獄で仏（に会《あ》ったよう）」（ことわざ）…ひどくこまっているときに、思《おも》いがけない助《たす》けを受《う》ける。

波風《なみかぜ》が立《た》つ

意味《いみ》 とつぜん争《あらそ》いごとなどが起《お》こり、静《しず》かな生活《せいかつ》や状態《じょうたい》がやぶられる。

参考《さんこう》 静かな水面《すいめん》にとつぜん強《つよ》い風がふいて、波が立つ意味《いみ》から。「波風」は、争いごと。もめごと。

使《つか》い方《かた》 夫婦《ふうふ》げんかが長引《ながび》いていて、わが家《や》には**波風が立っ**ている。／クラスに**波風が立つ**ような、変《へん》なうわさを広《ひろ》めるのはやめてください。／仲《なか》のいい二人《ふたり》の間《あいだ》に、最近《さいきん》**波風が立っ**ているそうだ。

けんかは
やめよう！

「波」の付《つ》く慣用句《かんようく》

波に乗《の》る…①商売《しょうばい》・仕《し》事《ごと》などが、時代《じだい》の好《この》みや流《なが》れにうまく合《あ》って、のびる。②ものごとの流れの中《なか》で、調子《ちょうし》が出《で》てくる。勢《いきお》いが出る。

よう子《こ》ちゃんは、こっちのグループよ。もともと。
もともとでしょ。
でも。
でもじゃなくて。
遠足《えんそく》のグループ分《わ》けぐらいで、
クラスに波風が立つなんて、つまらないことだよ。
そーそー。まったりいこうぜ。
えーと
そこの三人《さんにん》は、三人だけになります。
エーッ！
あまりもの？

なみだをのむ

意味《いみ》 くやしい気持《きも》ち、残念《ざんねん》な思《おも》い、悲《かな》しい気持ちなどを、じっとこらえる。また、くやしい思いをする。

参考《さんこう》 なみだを出《だ》すのをこらえて、泣《な》きたいようなつらい気持ちをがまんする意味《いみ》から。

使《つか》い方《かた》 けがのために、なみだをのんで試合《しあい》を欠場《けつじょう》した。／遠《とお》い所《ところ》へひっこししてしまう親友《しんゆう》を、なみだをのんで見送《みおく》りに行《い》った。

泣くのはきらいだ！

「なみだ」の付《つ》く慣用句《かんようく》

なみだに暮《く》れる…泣き悲しんで、日《ひ》を送《おく》る。

なみだをさそう…同情《どうじょう》やあわれみの気持ちを起《お》こさせる。泣きたくさせる。

あっ。
パッ
選挙速報《せんきょそくほう》
大泉氏落選《おおいずみしらくせん》。もと大臣《だいじん》が、なみだをのむ結果《けっか》となりました。
パッ
ウワァァァ
速報中《ちゅう》に、サッカー日本代表《にほんだいひょう》ゴールを決《き》めました！
では、すばらしいゴールシーンをVTR《ブイティーアール》で…。
リアルタイムで見《み》なきゃ、喜《よろこ》びがわかないよ。

にえ湯《ゆ》を飲《の》まされる

意味《いみ》 信用《しんよう》して心《こころ》をゆるしていた人《ひと》に裏切《うらぎ》られ、ひどい目《め》にあわされる。

参考《さんこう》 「にえ湯」は、にえたぎった湯。熱湯《ねっとう》を飲まされることから、ひどい仕打《しう》ちをされる意味《いみ》を表《あらわ》す。

使い方《つかいかた》 父《ちち》は、信《しん》らいしていた部下《ぶか》の使《つか》いこみでにえ湯を飲まされ、すっかり落《お》ちこんでいる。／親友《しんゆう》の春香《はるか》さんが、わたしと仲《なか》のいい翔君《しょうくん》とつき合《あ》っているなんて、にえ湯を飲まされた思《おも》いがした。

やけどしちゃう？

「湯」の付《つ》く慣用句《かんようく》

ぬるま湯につかる→一〇四ページ

湯水《ゆみず》のように使う…お金《かね》がたくさんあるので、むやみに使う。お金をおしげもなく、どんどん使う。

これ校長室《こうちょうしつ》に運《はこ》んでくれる？
まかせとけ！
4ねん文集
おや？先日《せんじつ》から待《ま》ってたのヨ。
やっと持《も》ってきたのね。
チェ、しかられ役《やく》かよ。
すわって
にえ湯を飲まされた。
おもしろい作文《さくぶん》がいっぱいね。
ココアめしあがれ。

にっちもさっちもいかない

意味《いみ》 ものごとが行《い》きづまって、どうしようもないようす。こまりはてているようす。

参考《さんこう》 「にっちもさっちも」は、そろばんの割《わ》り算《ざん》の用語《ようご》から出《で》たことば。漢字《かんじ》では「二進《にっち》」「三進《さっち》」と書《か》く。

使《つか》い方《かた》 こう人手不足《ひとでぶそく》では、会社《かいしゃ》がにっちもさっちもいかない。／雨続《あめつづ》きで、大《だい》工《く》さんの仕事《しごと》がにっちもさっちもいかない。

そろばんを知《し》っているかい？

「そろばん」に関《かん》する慣用句《かんようく》

ご破算《はさん》になる…ものごとの、それまでのとちゅう経過《けいか》が全部《ぜんぶ》取《と》り消《け》され、何《なに》もなかったとの状態《じょうたい》にもどる。はじめの状態にもどる。

ロボンも行《い》くのー？
はーい
あ！雨《あめ》がふってきた。
ロボン、ぬれちゃいけないよな。
ちょっと雨やどりしよう。
にっちもさっちもいかなくなっちゃった。
ゴロゴロ
かん太《た》ありがとう。

にらみを利《き》かせる

意味《いみ》 下《した》の者《もの》が、勝手《かって》なことをしないように、きびしく見守《みまも》る。無言《むごん》の圧力《あつりょく》をかける。

参考《さんこう》 「にらみ」は、人《ひと》をおさえつける力《ちから》。「利かせる」は、効果《こうか》を発揮《はっき》させる。

使《つか》い方《かた》 祖父《そふ》は、六〇才《さい》をすぎても社長《しゃちょう》として、部下《ぶか》ににらみを利かせている。／最近子《さいきんこ》どもたちのしつけが悪《わる》くなったのは、町内《ちょうない》ににらみを利かせるお年《とし》寄《よ》りがいないからだといわれている。

妹《いもうと》に
にらみを
利かせよう！

「おどす」意味《いみ》の慣用句《かんようく》

圧力をかける…権力《けんりょく》やお金《かね》の力で、自分《じぶん》にしたがわせようとする。

どすが利く…話《はな》し方《かた》や声《こえ》の調子《ちょうし》に、おそれさせるすごみがある。

ボスネコは、
毎日《まいにち》
なわばりを
パトロール
して、にらみ
を利かせている。
ほかのオスネコが
入《はい》りこんで
いないか。
エサ場《ば》に異状《いじょう》は
ないか。
ヨシ
人間《にんげん》が子《こ》ネコを
いじめていないか。
パン
食《く》うかな。
ホレ

ぬるま湯《ゆ》につかる

意味《いみ》 苦労《くろう》もなく、すごしやすいのをいいことに、今《いま》の状況《じょうきょう》に満足《まんぞく》してのんびりとすごす。

参考《さんこう》 「ぬるま湯」は温度《おんど》の低《ひく》い湯で、きんちょうやしげきのない生活《せいかつ》・状況などのたとえ。「つかる」は、水《みず》などに入《はい》ることで、ある状況の中《なか》に入りきる。

使《つか》い方《かた》 最近《さいきん》の若者《わかもの》は、ぬるま湯につかって平和《へいわ》ボケしているという人《ひと》もいる。

温泉《おんせん》でのんびりしたいな

「安心《あんしん》」の意味《いみ》の慣用《かんよう》句《く》

重荷《おもに》を下《お》ろす…気《き》にかかっていたことや責任《せきにん》の重《おも》い仕事《しごと》を終《お》えて、一《ひと》安心する。

かたの荷が下りる→五一ページ

大学時代《だいがくじだい》は
のんびりすごし、
なんの苦労《くろう》もなく、社会人《しゃかいじん》になるはずだったが。
このままでいいのかな？
世界《せかい》のきびしい現実《げんじつ》を見《み》なければ…と、
ぬるま湯につかる生活《せいかつ》に、見切《みき》りをつけて
放《ほう》ろう生活20年《ねん》で帰《かえ》ってきました。フロはいいねー。
イメージ変《か》わりすぎ。
あなたのお兄《にい》さん？

ぬれぎぬを着《き》せられる

意味《いみ》 他人《たにん》の誤解《ごかい》やはかりごとのため、無実《むじつ》の罪《つみ》におとしいれられる。ありもしない疑《うたが》いをかけられる。

参考《さんこう》 まま母《はは》が、先妻《せんさい》の娘《むすめ》が美《うつく》しいのをねたみ、娘の部屋《へや》にぬれた衣《ころも》（着物《きもの》）を置《お》いて、娘に漁師《りょうし》の恋人《こいびと》がいると夫《おっと》にうそを告《つ》げたという伝説《でんせつ》から。

使《つか》い方《かた》 たまたま事件《じけん》の現場《げんば》を通《とお》りかかっただけなのに、犯人《はんにん》の一味《いちみ》だと、ぬれぎぬを着せられた。

ぬれた服《ふく》は着たくないぜ！

「衣服《いふく》」に関係《かんけい》ある慣用句《かんようく》

えりを正《ただ》す…気持《きも》ちを引《ひ》きしめ、真剣《しんけん》にものごとに対応《たいおう》する。

左前《ひだりまえ》になる…経済状況《けいざいじょうきょう》が悪《わる》くなる。落《お》ち目《め》になる。

あっ！
手伝《てつだ》うからあやまるのよ。
ボクやってないよ。
割《わ》ったんでしょ！
カーテンが花《はな》にひっかかったんだ。
なになに？
キミさ～、見《み》てないのに犯人《はんにん》あつかいはイケないよ。
ぬれぎぬを着せられた。
ゴメン

ねこをかぶる

意味《いみ》 自分《じぶん》の本当《ほんとう》の性質《せいしつ》をかくして、おとなしそうにふるまうたとえ。また、知《し》っているのに知らないふりをするたとえ。

参考《さんこう》 うわべだけ、ネコのようにやさしそうにすることからという。

使《つか》い方《かた》 妹《いもうと》は、よその家《いえ》に行《い》くと**ねこをかぶった**ようにおとなしくなる。／あばれんぼうも、こわい上級生《じょうきゅうせい》の前《まえ》では**ねこをかぶって**いる。

ネコは
きらいだ！

「ねこ」の付《つ》く慣用句《かんようく》

ねこの目《め》のよう…目まぐるしく変《か》わるもののたとえ。

ねこもしゃくしも…だれもかれも、みんな。どんな人《ひと》でも。何《なに》もかも。

（一〇三ページのつづき）
うわぁ。
道《みち》でボスネコがいきなり！
あの子《こ》っておとなしいわよねぇ。
それはねこをかぶってるんだぜったい！
ネコだもんねぇ。
きっと、ボスネコの※げきりんにふれることをしたのよ。
アレかな

※「げきりんにふれる」（故事成語《こじせいご》）…はげしいいかりを受《う》ける。「げきりん（逆鱗）」は、竜《りゅう》のあごの下《した》のうろこ。

根《ね》も葉《は》もない

意味《いみ》 裏付《うらづ》けとなる事実《じじつ》がまったくない。何《なん》の根拠《こんきょ》もない。

参考《さんこう》 「根」はもととなる原因《げんいん》、「葉」はその結果《けっか》のたとえで、根拠も何《なに》もないという意味《いみ》から。

使《つか》い方《かた》 根も葉もないうわさを流《なが》されて、ひじょうにめいわくした。／根も葉もない話《はなし》が、いつの間《ま》にか本当《ほんとう》の話のようになってしまうことがあるので、うわさ話《ばなし》には注意《ちゅうい》しよう。

植物《しょくぶつ》を使《つか》った慣用句《かんようく》だ

「根」の付《つ》く慣用句《かんようく》

根が深《ふか》い…ものごとの裏に複雑《ふくざつ》な事情《じじょう》があって、解決《かいけつ》することがむずかしい。

根を下《お》ろす…新《あたら》しいものごとが、しっかりと位置《いち》をしめる。

ダイゴ君《くん》、どうして転校《てんこう》するんですか？
エッ？そんなことだれが？
そういううわさで。
何《なに》も聞《き》いてませんよ。
根も葉もないうわさで、ダイゴ君がキズつくこともありますよ。
でもー。
本人《ほんにん》はうれしそうです。
転校先《さき》でもさー、人気者《にんきもの》になる自信《じしん》あるぜ！

のどから手《て》が出《で》る

意味《いみ》 どうしても ほしいと思《おも》う気《き》持《も》ちをたとえた言《い》い方《かた》。ほしくてたまらないようす。

参考《さんこう》 のどのおくから手《て》がのびるほど、ひどく食《た》べ物《もの》をほしがるようすから。

ごちそうも
のどを通《とお》るね

使《つか》い方《かた》 のどから手が出るほどほしかったパソコンを、ようやく手にすることができた。／のどから手が出るほどほしい自転車《じてんしゃ》を、毎日《まいにち》自転車屋《や》さんの店先《みせさき》でながめている。

「口《くち》の中《なか》」に関係《かんけい》した慣用句《かんようく》

舌《した》の根《ね》もかわかないうち…あることを言い終《お》わったあとすぐに。

歯《は》を食《く》いしばる…苦《くる》しさやくやしさをこらえる。

ん?
イチタローのレアカードだ。きせきだ!
あっ。カード落《お》ちてる。
ヤメナサイ!おにいちゃんのカードじゃないの?
え
ノドから手が出るほどほしい
よかった
いいえ、ぼくのじゃありません。

歯《は》が立《た》たない

かたすぎて食《た》べられない？
意味《いみ》 相手《あいて》が強《つよ》すぎたり、ものごとがむずかしすぎたりして、立《た》ち向《む》かうことができない。とてもかなわない。
参考《さんこう》 とてもかたくて、歯でかめない意味《いみ》から。
使い方《つかいかた》 優勝候補《ゆうしょうこうほ》の学校《がっこう》と一回戦《いっかいせん》で当《あ》たってがんばったが、とても歯が立たなかった。／中学入試《ちゅうがくにゅうし》の問題《もんだい》にチャレンジしてみたが、まだわたしの実力《じつりょく》では、歯が立たなかった。

ア…アメ……アシ…
なにやってんの？
ヒントなしのクロスワード。すごくむずかしい。
へぇ、どれどれ。
さすがに委員長《いいんちょう》も歯が立たないだろー。
ちょっとかして！
これあげるから。
おせんべいもらったケド、
これ歯が立たないぞ。
「歯」の付《つ》く慣用句《かんようく》①

歯が浮《う》く…見《み》えすいたおせじなどを聞《き》いて、ふゆかいになるようす。

歯切《はぎ》れがいい…物《もの》の言《い》い方《かた》がはっきりしていてわかりやすい。

白紙《はくし》にもどす

意味《いみ》 今《いま》まで行《おこな》われてきたことや、決《き》まったことなどを、なかったものとしてもとの状態《じょうたい》にもどす。

参考《さんこう》 「白紙」は、何《なに》も書《か》いていない白《しろ》い紙《かみ》。「白紙に返《かえ》す」ともいう。

使《つか》い方《かた》 環境問題《かんきょうもんだい》から、いったん決まっていたダムの建設計画《けんせつけいかく》が白紙にもどされた。／長引《ながび》いていた新空港《しんくうこう》の用地《ようち》の選定《せんてい》が、住民《じゅうみん》の反対《はんたい》が強《つよ》いので、いったん白紙にもどされることになった。

リセットしよう！

「色《いろ》」に関係《かんけい》した慣用句《かんようく》

赤信号《あかしんごう》がつく…きけんな状態になる。

赤の他人《たにん》…まったく関係のない人《ひと》。

白《しら》を切《き》る…知《し》らないふりをする。

8月《がつ》16日《にち》にいなかのおじさんのとこへ行《い》く、と。
これなーに？
夏休《なつやす》みの計画表《けいかくひょう》だよ！
いろいろいそがしいぞ。
ワクワク。
でも、どうしてもおりあいがつかない。
これも白紙にもどすか。
宿題《しゅくだい》さえなけりゃなぁー。
ありえないんでしょ。

ばつが悪《わる》い

具合が
悪いね！

意《い》味《み》 その場《ば》の具合《ぐあい》やふんい気《き》がよくないのに、取《と》りつくろうことができなくて、きまりが悪いようす。
参《さん》考《こう》 「ばつ」は、「場《ば》都《つ》合《ごう》」をちぢめたことばといわれ、その場の調子《ちょうし》をいう。ここでは、その場の、自分《じぶん》と他人《たにん》との関《かん》係《けい》の意味《いみ》。
使《つか》い方《かた》 よばれたのは自分ではなかったのに、まちがえて大《おお》きな声《こえ》で返事《へんじ》をしてしまい、ばつが悪い思《おも》いをした。

新《しん》せんなダイコンだよ買《か》ってって。
あらっ。
近《ちか》いからフクロいらないわ。
葉《は》っぱがすごいね。
しまった！
町内《ちょうない》の八百屋《やおや》さんの前《まえ》を通《とお》るのはばつが悪いね。
こんにちは。

「ばつ」の付《つ》く慣用句《かんようく》

ばつを合《あ》わせる…具合の悪いことにならないように、相手《あいて》の言《い》うことにうまく応対《おうたい》する。調子を合わせる。「ばつ」は、つじつまの意味。

鼻《はな》が高《たか》い

意味《いみ》 ほこりに思《おも》うようす。得意《とくい》な気《き》持《も》ちであるようす。

参考《さんこう》 得意になって顔《かお》を上《あ》げていばるようすを、鼻が高く見《み》えることで表《あらわ》した。

使い方《つかいかた》 子《こ》どもが消火活動《しょうかかつどう》で表彰《ひょうしょう》されて、親《おや》としても鼻が高い。／わが校《こう》の出身者《しゅっしんしゃ》から文化勲章《ぶんかくんしょう》の受賞者《じゅしょうしゃ》が生《う》まれて、校長《こうちょう》としても鼻が高い。／わたしの兄《あに》がJ《ジェー》リーグの選手《せんしゅ》になって、わたしも鼻が高い。

おれの鼻は低《ひく》いぞ！

「鼻」の付《つ》く慣用句《かんようく》

鼻が利《き》く…においをよくかげることから、役《やく》立《だ》つ情報《じょうほう》などを見《み》つけだす能力《のうりょく》がある。

鼻持《も》ちならない…いやみな感《かん》じで、がまんができない。

この学校《がっこう》の卒業生《そつぎょうせい》が、オリンピックに出《で》ることになり、
先生《せんせい》も鼻が高いです。
音楽《おんがく》コンクールの地区代表《ちくだいひょう》になりました。
まぁ！鼻が高いですわ。
校長
保護者《ほごしゃ》のアンケートで「校内《こうない》がきれいで感《かん》じがよい」と好評《こうひょう》ですわ。
そうですか…
わたしも
ホントに鼻が高くなれば美人《びじん》になるのになぁ。

話《はなし》に花《はな》がさく

意味《いみ》 きょうみ深《ぶか》い話題《わだい》が次々《つぎつぎ》に出《で》て、会話《かいわ》がもり上《あ》がるようす。

参考《さんこう》 花が次々にさくようすにたとえた言《い》い方《かた》。「話がはずむ」も同《おな》じ意味《いみ》。

使《つか》い方《かた》 久《ひさ》しぶりの同級会《どうきゅうかい》だったので、話に花がさいて、夜中《よなか》になってしまった。／友《とも》だちに会《あ》いに行《い》った母《はは》は、話に花がさいているらしく、いつまでも帰《かえ》ってこない。／話に花がさいて、時《とき》のたつのもわすれた。

もり上がっとるの～！

「話」の付《つ》く慣用句《かんようく》①

話がわかる…世《よ》の中《なか》のことをよく知《し》っていて、人《ひと》の気持《きも》ちや立場《たちば》がわかる。

話に実《み》が入《はい》る…話に夢中《むちゅう》になって、一生《いっしょう》けんめいに話《はな》す。

お昼休《ひるやす》みで、OL《オーエル》さんが出《で》てきたな。
それでね…。
いいわね。
それならきっと…。
ああいうのを
話に花がさくっていうんだね。
きれいなコトバだね。
花をつんでるみたいだ。
帰《かえ》るので、ゴミをひろっているんだよ。

話《はなし》のこしを折《お》る

意《い》味《み》 相手《あいて》が話《はな》しているのをとちゅうで横《よこ》からさまたげて、話を続《つづ》けることができないようにする。

参《さん》考《こう》 「こし（腰）を折る」は、とちゅうでじゃまをする意味《いみ》。

使《つか》い方《かた》 講演《こうえん》のとちゅうで野次《やじ》を飛《と》ばす人《ひと》がいて、講師《こうし》の**話のこしを折ら**れてしまった。／二人《ふたり》で楽《たの》しく話をしているのに、君《きみ》が横から**話のこしを折る**ことはないだろう。

それじゃ話が続かない！

「話」の付《つ》く慣用句《かんようく》②

話が見《み》えない…相手が何《なに》を話そうとしているのか、すじ道《みち》も結論《けつろん》もつかめない。

話にならない…話すだけの値《ね》打《う》ちがない。問題《もんだい》にならない。

れきし
未来《みらい》のことを考《かん》えるために、昔《むかし》のことをふり返《かえ》るのが……
かん太《た》！前《まえ》を見《み》て！
アハハハ
だれですか？話のこしを折るのは！
しまった。

歯《は》にきぬを着《き》せない

意味《いみ》 遠慮《えんりょ》しないで、思《おも》ったとおりを素直《すなお》に言《い》うようす。つつみかくさずに、ずけずけ言うようす。

参考《さんこう》 「歯」は、口《くち》、言い方《かた》を表《あらわ》す。「きぬ（衣）」は衣服《いふく》で、おおうもの。

使い方《つかいかた》 野党《やとう》が、政府《せいふ》の法案《ほうあん》について、歯にきぬを着せない痛烈《つうれつ》な批判《ひはん》をしている。／かれはいつも歯にきぬを着せない発言《はつげん》をするので、クラスの中《なか》でもけむたがられている。

歯にきぬ？どんな意味《いみ》だ？

「歯」の付《つ》く慣用句《かんようく》②

歯のぬけたよう…まばらで、ふぞろいなようす。また、あるはずのものがなくて、さびしいようす。

歯の根《ね》が合《あ》わない…寒《さむ》さなどでふるえる。

キミ、声《こえ》でかすぎ。
うっ
言《い》う〜。
よこみちくんは歯にきぬを着せない。
ってゆーか、
ホントのことを言ってるだけ。
おっ
三人分《さんにんぶん》の点《てん》と同《おな》じ。
え
でも、人気者《にんきもの》なのは、
さりげなく親切《しんせつ》だから。
重《おも》いじゃん。
ヒョイ
あ…ありがと。

針《はり》のむしろ

意味《いみ》 まわりの批判《ひはん》や冷《ひ》ややかな目《め》などにさらされ、そこにいるだけで心《こころ》が休《やす》まらず、つらくなるような場所《ばしょ》や立場《たちば》。

参考《さんこう》 針を植《う》えてあるむしろ（わらなどであんだしき物《もの》）の意味《いみ》から。

使《つか》い方《かた》 医学部《いがくぶ》をめざしているが、浪人《ろうにん》生活《せいかつ》も五年目《ごねんめ》となると、毎日《まいにち》が**針のむしろ**のようだ。／大失敗《だいしっぱい》をしてめいわくをかけたぼくとしては、教室《きょうしつ》では**針のむしろ**にすわっているようだ。

むしろって
何《なに》？

「道具《どうぐ》」に関係《かんけい》した慣用句《かんようく》

かま（鎌）をかける…相手《あいて》に本音《ほんね》をしゃべらせようとして、たくみにさそいかける。

ふるいにかける→一二四ページ

登山口えき
いい天気《てんき》でヨカッタね。
もう少《すこ》しで頂上《ちょうじょう》！
お昼《ひる》だね。
九合目
あ！おべんとうのバッグどうした？
あみだなにパパがのせたじゃない！
ふもとにおソバ屋《や》さんあったな、ガンバレ。
針のむしろにすわっている気分《きぶん》のパパであった……。
ゴ〜〜ッ

額《ひたい》を集《あつ》める

意《い》味《み》 たくさんの人《ひと》が集まり、顔《かお》をよせ合《あ》うようにして、熱心《ねっしん》に大事《だいじ》な相談《そうだん》をする。

参《さん》考《こう》 額をよせ合って、大事な相談をする意味《いみ》から。

使《つか》い方《かた》 代表《だいひょう》の委員《いいん》は、毎日《まいにち》**額を集めて**、秋《あき》の文化祭《ぶんかさい》の相談をしている。／各国《かっこく》の代表者《しゃ》が**額を集めて**協議《きょうぎ》しているが、核《かく》兵器《へいき》の問題《もんだい》はなかなか結論《けつろん》が出《で》ない。／**額を集めて**緊急《きんきゅう》の対応策《たいおうさく》を練《ね》る。

顔を近《ちか》づけとるの〜

「顔《かお》」に関係《かんけい》した慣用《かんよう》句《く》

ひとみをこらす…よく見《み》ようと、じっと見つめる。

ほおが落《お》ちる…食《た》べ物《もの》がたいへんおいしいようす。

すごいサイフだ。
どうする？
ゴク。
あ・
額を集めて何《なん》の相談《そうだん》？
サイフが落《お》ちてたの。
それぼくのだー。
えー
まさか
ウン
おじいちゃんのおさがりのサイフ。
こどもぎんこう
ドキドキしたよ。

一《ひと》あわふかせる

意味《いみ》 実力《じつりょく》のある者《もの》や、自信《じしん》のある人《ひと》に、思《おも》いがけないことをしたり、不意《ふい》をついたりして、おどろきあわてさせる。

参考《さんこう》 「あわ（泡）をふく」が、ひどくおどろくようすを表《あらわ》すことから。「一」は、少《すこ》し、軽《かる》く、一回《いっかい》の意味《いみ》。

使《つか》い方《かた》 強敵《きょうてき》に一あわふかせてやろうと、作戦《さくせん》をねっている。／かれには何度《なんど》もいたい目《め》に合《あ》わされたので、今度《こんど》こそ一あわふかせてやりたい。

あわてちゃうね！

「あわ」の付《つ》く慣用句《かんようく》②
あわを食《く》う→三一ページ
口角《こうかく》あわを飛《と》ばす…はげしく議論《ぎろん》するようす。
水泡《すいほう》に帰《き》す…努力《どりょく》がむだになること。

あいつのこんな顔《かお》を見《み》たい。
ひー
ムシとかきらいそうだな！
こいつで一あわふかせて…。
ン？
↑穴《あな》があいていた。
これ、落《お》とした？
ひ〜っ

火《ひ》に油《あぶら》を注《そそ》ぐ

意味《いみ》 勢《いきお》いのはげしいものに、さらに勢いを強《つよ》くするようなものを加《くわ》えるようす。
参《さん》考《こう》 もえている火に油をかけると、さらにはげしくもえることから。
使《つか》い方《かた》 友《とも》だちのいかりをしずめようと、いろいろと言《い》いわけをしたが、火に油を注ぐ結果《けっか》となってしまった。／泣《な》いている子《こ》に、いいかげんに泣きやめとどなったら、火に油を注ぐ結果となった。

よく
もえそうだ

「火」の付《つ》く慣用句《かんようく》①

火が付いたよう…①赤《あか》んぼうがはげしく泣くようす。②あわただしいようす。

火の消《き》えたよう…急《きゅう》に活気《かっき》がなくなり、さびしくなるようす。

わたしの作品《さくひん》が真《ま》ん中《なか》！
じゃあ わたしのが前《まえ》！
さくひん展
なによ！
30分《ぷん》もあれだよ。
あつくなるほどの作品じゃないのに。
そんな火に油を注ぐようなコト、
言《い》えないよ。
じゃあ、言ってやるよ。
両《りょう》はしに置《お》けば、それなりに目《め》を引《ひ》くよ。
解決《かいけつ》した！

非《ひ》の打《う》ち所《どころ》がない

意味《いみ》 取《と》り上《あ》げたい悪《わる》い所《ところ》がまったくない。完全《かんぜん》である。

参考《さんこう》 「非」は、あやまち・欠点《けってん》。「非を打つ」は、悪い点を取り上げてしめす。

使《つか》い方《かた》 和美《かずみ》さんの作文《さくぶん》は非の打ち所がないと、先生《せんせい》にほめられた。／ぼくは、パーティで、若《わか》いのに非の打ち所がないあいさつをしたと、評判《ひょうばん》になった。／かれの人《ひと》がらは、非の打ち所がないと、※たいこ判《ばん》をおされている。

ぼくにピッタリの慣用句《かんようく》だ！

「非」の付《つ》く慣用句《かんようく》

非を鳴《な》らす…他人《たにん》の誤《あやま》りや、なっとくできない点などを取り上げて、はげしくせめる。「鳴らす」は、不平《ふへい》や不満《ふまん》を言《い》い立《た》てる。「非を唱《とな》える」とも。

まあ。100点《てん》。
字《じ》もきれいで、
非の打ち所がないわね。
でも、どうして名前《なまえ》を書《か》きわすれちゃうの？
だれだろ～～

※「たいこ（太鼓）判をおす」…たしかであるとうけ合《あ》う。

火花《ひばな》を散《ち》らす

意味《いみ》 はげしい議論《ぎろん》や争《あらそ》いをするようす。

参考《さんこう》 刀《かたな》と刀がぶつかって火花が出《で》るほど、はげしく切《き》り合《あ》う意味《いみ》から。「散る」は、四方《しほう》に飛《と》ぶ。

火花はどこから出るの？

使《つか》い方《かた》 国会《こっかい》では、連日《れんじつ》火花を散らすような論戦《ろんせん》が行《おこな》われている。／優勝《ゆうしょう》を目指《めざ》して火花を散らす、ペナントレースが始《はじ》まった。／候補者《こうほしゃ》たちが火花を散らす選《せん》挙戦《きょせん》も今日《きょう》で終《お》わりだ。

「火」の付《つ》く慣用句《かんようく》②
火を見《み》るより明《あき》らか… 失敗《しっぱい》の原因《げんいん》などがはっきりしていて、うたがう余地《よち》がないようす。明白《めいはく》。

参考《さんこう》 もえる火を見るよりも明らかの意味。

先頭争《せんとうあらそ》いです。文字《もじ》どおり、
火花を散らすたたかい！
コーナーまわった。
ばきっ
あ
あ
せんべい1枚《まい》に、火花を散らす二人《ふたり》なんだ。
そっちが大《おお》きい。
なんだとー!!

ふに落《お》ちない

意味《いみ》 ものごとが、なっとくできない。合点《がてん》がいかない。理解《りかい》できない。

参考《さんこう》 「ふ（腑）」は、はらわた。内臓《ないぞう》。そこから、心《こころ》の意味《いみ》を表《あらわ》す。「落ちる」は、なっとくする。

使《つか》い方《かた》 火事《かじ》の原因《げんいん》にふに落ちないところがあるので、警察《けいさつ》が改《あらた》めてそうさをするそうだ。／かのじょが人《ひと》をだますなんて、どう考《かんが》えてもふに落ちない。／ふに落ちない点《てん》を質問《しつもん》する。

「ふ」は心じゃ！

「内臓」に関係《かんけい》した慣用句《かんようく》

心臓《しんぞう》が強《つよ》い…はずかしがったり、弱気《よわき》になったりしない。

はらわたがちぎれる…ひじょうに悲《かな》しいようす。

恐竜《きょうりゅう》カードこうかんしないか？
でさぁ、国語《こくご》の宿題《しゅくだい》やったか？
え？やったよ。
写《うつ》させたら、その王者《おうじゃ》カードとこうかんしてやる。
このカード？うんいいよ！
なんか、ふに落ちないけど。
その答《こた》え、まちがってるぜ。
エッ

船《ふね》をこぐ

意味《いみ》 すわったままで、からだを前後《ぜんご》にゆらしていねむりをする。

参考《さんこう》 船のろをこぐように、からだが前後《ぜんご》にゆれることから。

使い方《つかいかた》 おさむ君《くん》は、先生《せんせい》の前《まえ》なのに、さっきから船をこいでいる。／昼下《ひるさ》がりの電車《でんしゃ》の中《なか》では、船をこいでいる人《ひと》が多《おお》い。／父《ちち》はテレビの前で船をこいでいたと思《おも》ったら、いつのまにか横《よこ》になってねていた。

船をこぐようすににているよ！

「船」の付《つ》く慣用句《かんようく》

大船《おおぶね》に乗《の》ったよう…たよりになるものにすっかりまかせて、安心《あんしん》しているようす。

乗りかかった船…いったんやり始《はじ》めたらやめられないたとえ。

ロボンって夜《よる》ねないんだろ？
メインスイッチは切《き》るよ。
人間《にんげん》がゆめを見《み》ているのと似《に》た状態《じょうたい》になるんだって。
でも、いねむりじゃないよな。
スローモードって
ポチ
いうのを
お・スローだ
ハカセがためして
まわりに……えいきょうが……ねぇ……聞《き》いてる？
ン…
コックリ
船をこいでいるわ。

ふるいにかける

意《い》味《み》 多《おお》くのものの中《なか》から、基《き》準《じゅん》や条《じょう》件《けん》に合《あ》ったものを選《えら》び出《だ》し、それ以《い》外《がい》のものをのぞく。

参《さん》考《こう》 ふるいで、条件に合ったものをより分《わ》ける意《い》味《み》から。

使《つか》い方《かた》 入《にゅう》社《しゃ》希《き》望《ぼう》者《しゃ》は何《なん》回《かい》ものテストでふるいにかけられ、最《さい》終《しゅう》選《せん》考《こう》に一〇人《にん》が残《のこ》った。／バスケットボール部《ぶ》の入《にゅう》部《ぶ》希望者を実《じっ》技《ぎ》テストでふるいにかけ、二〇名《めい》を選んだ。

ふるいを知《し》っているかい？

ふるい

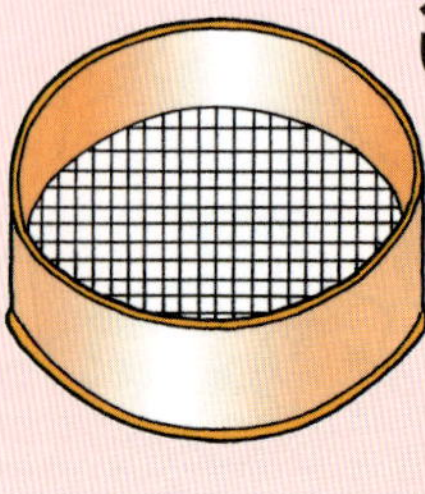

ふるいは、底《そこ》があみになっていて、ものをふるい分ける道《どう》具《ぐ》。

何《なに》するの？
植《う》えかえの準《じゅん》備《び》よ。
古《ふる》い土《つち》をふるいにかけるの。
ぼくたち残《のこ》ったね。
落《お》とされちゃったー。
君《きみ》たちを使《つか》うのよ。
わーい。
きゃー。

棒《ぼう》にふる

意味《いみ》 それまで積《つ》み重《かさ》ねてきた努力《どりょく》や苦労《くろう》、得《え》たものなどを、むだにしてしまう。

参考《さんこう》 江戸時代《えどじだい》、ぼてふり（魚《さかな》・野菜《やさい》などを天《てん》びん棒《ぼう》でかついで売《う》り歩《ある》いた人《ひと》）の売り物《もの》が全部《ぜんぶ》売れ、天びん棒をふるだけになったことからという。

使い方《つかいかた》 入学試験《にゅうがくしけん》の前《まえ》にインフルエンザにかかり、一年間《いちねんかん》の勉強《べんきょう》を棒にふってしまった。

野球《やきゅう》ではバットをふるね！

ぼてふり

やっと応募券《おうぼけん》がそろったぞ。
四週分《よんしゅうぶん》の応募券で、限定《げんてい》CD《シーディー》が
もらえるのさ。
よし／
今日《きょう》の消印有効《けしいんゆうこう》！
よく日《じつ》
切手《きって》をはってないハガキがもどってきてるわー。
アッ
苦労《くろう》を棒にふっちゃったヨ。

骨《ほね》を折《お》る

意味《いみ》 何《なに》かのために、一生《いっしょう》けんめい働《はたら》く。熱心《ねっしん》に世話《せわ》をする。苦労《くろう》する。

参考《さんこう》 骨を折るほど苦労してする意味《いみ》から。

使い方《つかいかた》 二人《ふたり》の仲《なか》を取《と》り持《も》つために、骨を折った。／祖父《そふ》は、地域《ちいき》の発展《はってん》のために、長年《ながねん》市会議員《しかいぎいん》として骨を折ってきた。／祖母《そぼ》は、ゲートボール同好会《どうこうかい》の幹事《かんじ》として、会員《かいいん》を取りまとめるのに骨を折っている。

痛《いた》そうだな

「骨」の付《つ》く慣用句《かんようく》

骨をうずめる…その土《と》地《ち》や会社《かいしゃ》にとどまって、最後《さいご》までそこにいる。

骨をおしむ…苦労することをいやがってなまける。

お祭《まつ》りのおスシを作《つく》るのよ。手伝《てつだ》いで骨を折ってくるわ！
ハイハイ
しばらくして
はいはい。おばあちゃん。あ、
もしもしわたしよ！骨が折れたわ。
苦労《くろう》したのね。もうでき上《あ》がったの？
そうじゃなくて……わたし骨を折っちゃったの！
もしもしご家族《かぞく》ですか？こちらは外科病院《げかびょういん》ですが。
おばあちゃんが本当《ほんとう》に骨折《こっせつ》しました！

間《ま》が悪《わる》い

意味《いみ》 ①めぐりあわせがよくない。不《ふ》運《うん》である。②その場《ば》のふんい気《き》が悪《わる》くて、いたたまれないようすである。きまりが悪い。ばつが悪い。

参考《さんこう》 「間」は、タイミング。

使《つか》い方《かた》 ①急《いそ》いでいたので急行電車《きゅうこうでんしゃ》に飛《と》び乗《の》ったが、間が悪いことにドアの故障《こしょう》で発車《はっしゃ》がおくれた。②大《おお》あくびをしたら先生《せんせい》と目《め》が合《あ》ってしまい、間が悪い思《おも》いがした。

音楽《おんがく》と関係《かんけい》があるの？

「間」の付《つ》く慣用句《かんようく》

間がいい…運《うん》がいい。めぐりあわせがいい。

間がぬける…①ものごとの大切《たいせつ》なところに手《て》ぬかりがある。②ばかげている。「間のぬけた」ともいう。

お。
あ。
間がいいな。
サッカーやるか。
うん。こまめ君《くん》もさそおう。
今《いま》、お客《きゃく》さんと話《はな》し中《ちゅう》なんだ。
ええ？来《こ》れないの？
時間《じかん》のムダなくお勉強《べんきょう》に。
めちゃめちゃ間が悪かった。
かていきょうし会

的《まと》を射《い》る

意《い》味《み》 ものごとの要点《ようてん》や中心《ちゅうしん》の大切《たいせつ》な部分《ぶぶん》をしっかりとらえる。

参《さん》考《こう》 「的」は、矢《や》や弾丸《だんがん》を発射《はっしゃ》する目標《もくひょう》とするもの。矢を放《はな》って、的に命中《めいちゅう》させる意味《いみ》から。

使《つか》い方《かた》 おさむ君《くん》は、教室《きょうしつ》でいつも的を射た質問《しつもん》をしている。／新聞記者《しんぶんきしゃ》の的を射た政治評論《せいじひょうろん》が新聞《しんぶん》にのった。

注《ちゅう》意《い》 「的を得る」は誤《あやま》りだが使《つか》うこともある。

弓《ゆみ》矢を知《し》っているかな？

「的」の付《つ》く慣用句《かんようく》

的が外《はず》れる…要点や大《だい》事《じ》な部分からそれる。「的外れ」ともいう。

的をしぼる…問題《もんだい》として取《と》り上《あ》げたり、手《て》に入《い》れたりする対象《たいしょう》のはんいを限定《げんてい》する。

わー
ふしぎ〜
ボコボコボコ
冷《つめ》たいんですよ。
なぜなのかは、
中学《ちゅうがく》で習《なら》います。
エーーッ
実験《じっけん》を子《こ》どもに見《み》せたら説明《せつめい》するのが、
先生《せんせい》の務《つと》めでは？
的を射た指摘《してき》を受《う》けまして。
いのこりですか？

真《ま》に受《う》ける

意味《いみ》 相手《あいて》のことばどおりに受けとる。本当《ほんとう》だと思《おも》う。本気《ほんき》にする。

参考《さんこう》 「真」は、まこと・真実《しんじつ》。ことばどおり。

使《つか》い方《かた》 セールスマンのことばを真に受けて買《か》ったが、中身《なかみ》は話《はなし》とはちがうものだった。／うわさを真に受けて信《しん》じてしまい、ひどい目《め》にあった。／何《なん》でも真に受けてしまう人《ひと》には、じょうだん一《ひと》つ言《い》えない。

だまされるってこと？

「真《しん》・うそ」の付《つ》く慣用句《かんようく》

真にせまる…演技《えんぎ》やことばなどが、いかにも本物《ほんもの》らしく見《み》える。

うそで固《かた》める…経歴《けいれき》などを、すべてうそで作《つく》り上《あ》げる。

めきめき頭《あたま》がよくなる「天才《てんさい》マシーン」
これで学校《がっこう》の成績《せいせき》アップ。
これ買《か》って！
そんなこと真に受けないで、コツコツやるの。
ハイ…
いいかも。
一週間《いっしゅうかん》で美肌《びはだ》になります。

水《みず》と油《あぶら》

意味《いみ》 おたがいに性格《せいかく》や考《かんが》え方《かた》がことなるためわかり合《あ》うことができず、反発《はんぱつ》し合うことのたとえ。
参考《さんこう》 「水」と「油」がとけ合わない性《せい》質《しつ》であることから。「水に油」ともいう。
使《つか》い方《かた》 あの二人《ふたり》は水と油で、いつもしょうとつしている。／かれとは水と油で、なかなか心《こころ》が通《かよ》い合わない。／性格からは水と油のように見《み》えるのに、あの二人が仲《なか》がいいのはふしぎだ。

理科《りか》の実験《じっけん》みたい！

「水」の付《つ》く慣用句《かんようく》

水に流《なが》す…今後《こんご》のことを考《かんが》えて、過去《かこ》のことをとがめないで、すべてなかったことにする。

水をあける…大《おお》きく差《さ》をつける。

賛成《さんせい》！
反対《はんたい》！！
あの二人《ふたり》まったく意見《いけん》が合《あ》わないね。
いつも正《せい》反対だもんね。
賛成！！
水と油だ。
反対！！
話《はな》し合《あ》いを終《お》わりにして帰《かえ》りませんか。
ダーッ
賛成。

道草《みちくさ》を食《く》う

意味《いみ》 ①あるところへ向《む》かうとちゅう、関係《かんけい》ないことをしてむだな時間《じかん》を使《つか》う。②本来《ほんらい》の目的《もくてき》ではないことをして、時間をむだに使う。

参考《さんこう》 馬《うま》などが、道《みち》ばたの草を食《た》べてなかなか前《まえ》に進《すす》まない意味《いみ》から。

使《つか》い方《かた》 ①どこで道草を食っているのか、出《で》かけたきりまだ帰《かえ》って来《こ》ないんだ。②今日《きょう》の授業《じゅぎょう》は遠足《えんそく》の話《はなし》や天気《てんき》の話で、だいぶ道草を食ってしまった。

馬は草が大好物《だいこうぶつ》？

「道」の付《つ》く慣用句《かんようく》

道が開《ひら》ける…進行《しんこう》をさまたげている問題《もんだい》の解決方法《かいけつほうほう》が見《み》つかる。

道をつける…研究《けんきゅう》など、後《あと》から来《く》る者《もの》のために方向《ほうこう》をしめす。きっかけを作《つく》る。

今日《きょう》は人気《にんき》ゲームの発売日《はつばいび》。
いそいそ…
あれっ。ボスネコだ。
この前《まえ》、いじめられたし、
早《はや》く行《い》ってくれ。
かん太君《たくん》道草を食ってる～。
しーしー
食いたくて食ってるんじゃないんだよ。

耳《みみ》をそろえる

意味《いみ》 ある額《がく》のお金《かね》を、不足《ふそく》なく用意《ようい》する。

参考《さんこう》 「耳」は、平《ひら》たいもののふち。江《え》戸《ど》時代《じだい》、大判《おおばん》・小判《こばん》などの平たい金属《きんぞく》のお金の、ふちをそろえて数《かぞ》えたところから。借金《しゃっきん》を返《かえ》すときなどに使《つか》う。

使《つか》い方《かた》 明日《あす》のお昼《ひる》までに、一〇〇万円《まんえん》耳をそろえてお持《も》ちします。／かした金は、来週《らいしゅう》の末《まつ》までに耳をそろえて返してもらいたい。

何《なに》を
たとえた
慣用句《かんようく》じゃ？

「耳」の付《つ》く慣用句《かんようく》

耳なれない…あまり聞《き》いたことがなくてなじみがない。

耳にさわる…聞いていて、ふゆかいな気持《きも》ちがする。耳ざわりである。

始《はじ》まるわ。
おーす。ロボンは？
テレビ見《み》てるよ。
三十両《りょう》、耳をそろえて返《かえ》してもらおうじゃねぇか。
へぇー！
時代劇《じだいげき》さ。
耳をそろえて
見《み》せてやらぁ。
なにコレ？
ロボン、意味《いみ》がちがうよ。

虫《むし》が知《し》らせる

意味《いみ》 あることが起《お》こる前《まえ》に、起こりそうだという感《かん》じがする。特《とく》に、悪《わる》いことが起こりそうな気《き》がする。

参考《さんこう》 「虫」は、人間《にんげん》のからだの中《なか》にいて、気分《きぶん》・感情《かんじょう》などをよび起こすと考《かんが》えられていたもの。

使《つか》い方《かた》 虫が知らせたのか、いつも乗《の》る電車《でんしゃ》の次《つぎ》のに乗ったら、事故《じこ》にあわずにすんだ。／祖母《そぼ》は、虫が知らせたのか、なくなる前から、身辺《しんぺん》の整理《せいり》をしていた。

どうやって知らせるの？

「虫」の付《つ》く慣用句《かんようく》

虫がいい→二三三ページ

虫が好《す》かない…どことなくいやな感じがする。

虫も殺《ころ》さない…性質《せいしつ》がおだやかなようす。

ねむれない。
なんだか、不安《ふあん》なんだ。
学校《がっこう》のこと？友《とも》だちのこと？
うわぁ〜!!宿題《しゅくだい》プリントが三枚《さんまい》もあった！
虫が知らせたんだよ。
わすれてただけでしょ。

胸《むね》をなで下《お》ろす

意味《いみ》 きけんや心配事《しんぱいごと》がなくなって、安心《あんしん》する。ほっとする。

参考《さんこう》 安心して、手《て》で胸をなで下ろす動作《どうさ》から。

使い方《つかいかた》 お母《かあ》さんの病気《びょうき》が快方《かいほう》に向《む》かい、家族中《かぞくじゅう》が**胸をなで下ろした**。／台風《たいふう》が通過《つうか》したが、被害《ひがい》があまりなかったので、**胸をなで下ろした**。／さいふをなくしたと思《おも》って落《お》ちこんでいたら、たなの上《うえ》から出《で》てきて、**胸をなで下ろした**。

ホッと
ひと安心

「胸」の付《つ》く慣用句《かんようく》

胸を借《か》りる…実力《じつりょく》の下《した》の者《もの》が、上《うえ》の者に試合《しあい》や練習《れんしゅう》などの相手《あいて》をしてもらう。

胸をそらす…得意《とくい》になって、自信《じしん》のある態度《たいど》をしめす。

山足線《やまあしせん》故障《こしょう》で全線《ぜんせん》ストップ中《ちゅう》。
あ
パパまだ電車《でんしゃ》の中《なか》かも。
そうね
ただいま
あ！よかった。
これ待《ま》ってたんだろ。
おかえりなさーい。
シューアイス

芽《め》が出《で》る

意味《いみ》 成功《せいこう》するきっかけをつかむ。幸《こう》運《うん》がめぐってくる。

参考《さんこう》 植物《しょくぶつ》の芽が出ることにたとえた言《い》い方《かた》。「目《め》が出る」という慣用句《かんようく》もあるが、この目はさいころの目。

使い方《つかいかた》 二軍《にぐん》で一〇年間《ねんかん》苦労《くろう》したかれも、ようやく一軍昇格《いちぐんしょうかく》で、芽が出てきた。／三〇才《さい》を過《す》ぎてようやく芽が出て、今《いま》はテレビドラマや舞台《ぶたい》の俳優《はいゆう》として活躍《かつやく》している。

春《はる》になると芽が出るの？

「植物」に関係《かんけい》した慣用句《かんようく》

種《たね》をまく…あるものごとを起《お》こす原因《げんいん》を作《つく》る。

根回《ねまわ》しをする…実現《じつげん》しやすいように、関係者《かんけいしゃ》に手《て》を回《まわ》す。

わたしの作品《さくひん》が！
コミックGコンクール
すごいね見《み》せて。
小四《しょうよん》コミックよ。
コミック
ここのとこに
今《いま》から芽が出て将来《しょうらい》が楽《たの》しみだ！
名前《なまえ》がのったの。
佳作《かさく》二席《にせき》
名前だけか。

目《め》から鼻《はな》へぬける

意味《いみ》 頭《あたま》の働《はたら》きにすぐれ、ものごとにすばやく対応《たいおう》できるようす。すばしっこく、ぬけめがないようす。

参考《さんこう》 「目」と「鼻」はすぐ近《ちか》くにあり、すぐに通《つう》じるという意味《いみ》を表《あらわ》す。「目から鼻に～」ともいう。

使《つか》い方《かた》 かれは目から鼻へぬけるような人《ひと》で、会社《かいしゃ》の仕事《しごと》もよくできるが、人間《にんげん》的《てき》なおもしろみに欠《か》けているという人もいる。

おれさまにピッタリの慣用句《かんようく》だ

「目」の付《つ》く慣用句《かんようく》

目にうかぶ…実際《じっさい》に見《み》ているように、頭の中《なか》に思《おも》いうかべることができる。

目にしみる…色彩《しきさい》や印象《いんしょう》が、あざやかなようす。

あら。
こんにちは
あら、こんにちは。
目から鼻へぬけるお嬢《じょう》さんってひょうばんよ。
なぜ、ひょうばんになったのかしら。
わたしが眼科《がんか》と耳鼻科《じびか》に通《かよ》ってるため？
それ「かしこい」っていう意味《いみ》よ。

元《もと》も子《こ》もない

意味《いみ》 それまで努力《どりょく》した結果《けっか》がすべてなくなって、むだになるようす。

参考《さんこう》 「元」は、元金《がんきん》で銀行《ぎんこう》などに預《あず》けるお金《かね》のこと。「子」は、利子《りし》。元金も利子も全部失《ぜんぶうしな》う意味《いみ》から。

使《つか》い方《かた》 からだをきたえようとジョギングを始《はじ》めたのに、やりすぎて足《あし》をいためては元も子もない。／集中豪雨《しゅうちゅうごうう》で田畑《たはた》が流《なが》されて、せっかく実《みの》った作物《さくもつ》が一夜《いちや》にして元も子もなくなった。

お金は大切《たいせつ》だね

「お金」に関係《かんけい》した慣用句《かんようく》

金が物《もの》を言《い》う…ものごとの解決《かいけつ》に、お金がいちばん力《ちから》を発揮《はっき》する。

金に糸目《いとめ》をつけない…ある目的《もくてき》のためには金をおしみなく使《つか》う。

スズムシふえたんだ。
育《そだ》ったらくれる？
セッセ セッセ
みんなと約束《やくそく》しちゃった。
あ～。
昨日《きのう》ふたを……。
元も子もなくなっちゃった。

矢面《やおもて》に立《た》つ

意《い》味《み》 多《おお》くの質問《しつもん》・批難《ひなん》・攻撃《こうげき》などを、集中《しゅうちゅう》して直接《ちょくせつ》受《う》ける立場《たちば》に身《み》を置《お》く。

参《さん》考《こう》 「矢面」は、敵《てき》の矢が飛《と》んで来《く》る正面《しょうめん》。矢面で敵の矢を受《う》ける意味《いみ》にたとえた。

使《つか》い方《かた》 人気《にんき》の製品《せいひん》に欠《けっ》かんが見《み》つかり、たんとうの社員《しゃいん》はおわびの記者会見《きしゃかいけん》で、批判《ひはん》の矢面に立たされた。／生徒《せいと》会長《かいちょう》をしているので、いつも質問《しつもん》の矢面に立たされる。

どこに立つの？

「武器《ぶき》」に関係《かんけい》した慣用句《かんようく》

かぶとをぬぐ…とてもかなわないと、こうさんする。

やり玉《だま》にあげる…選《えら》びだして攻撃や批難の対象《たいしょう》とする。

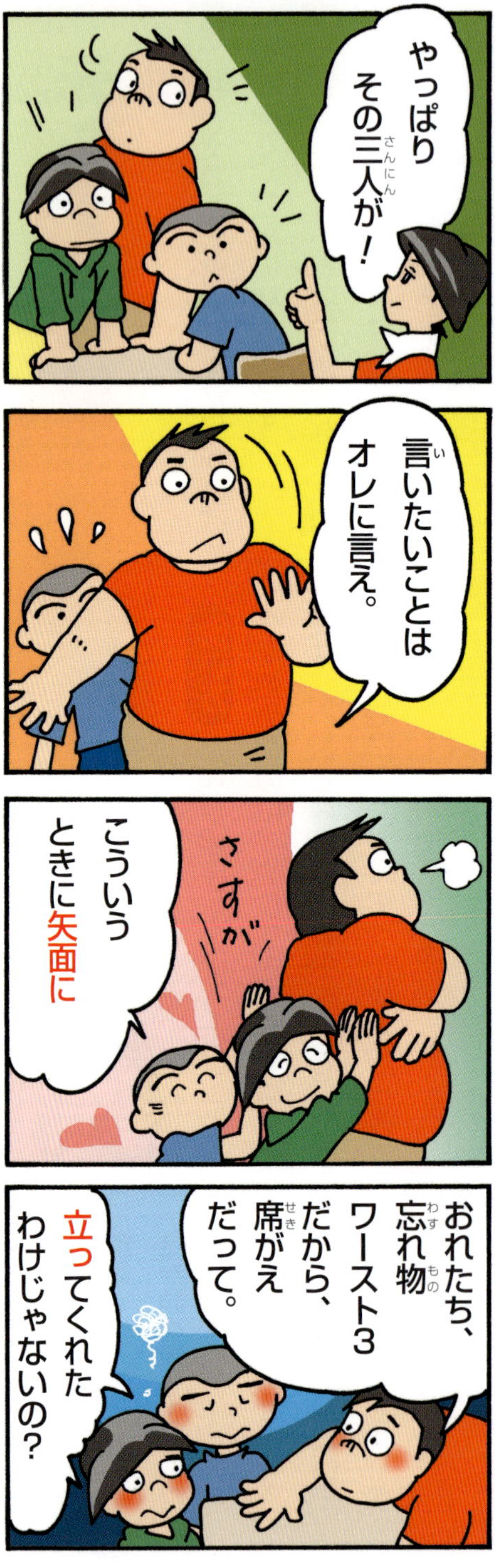
やっぱり その三人《さんにん》が！
言《い》いたいことは オレに言え。
さすが
こういう ときに矢面に
おれたち、忘《わす》れ物《もの》 ワースト3 だから、席《せき》がえ だって。
立ってくれた わけじゃないの？

山《やま》をこす

意味《いみ》 ものごとが、いちばん大変《たいへん》なところをすぎて、結末《けつまつ》に近《ちか》づく。

参考《さんこう》 「山」は、最《もっと》も重要《じゅうよう》なところ。また、結果《けっか》を決《き》めるような、重要な場面《ばめん》。「山をこえる」ともいう。

使《つか》い方《かた》 あれだけ流行《りゅうこう》していたインフルエンザもようやく山をこし、患者《かんじゃ》が減《へ》ってきた。／心配《しんぱい》していた病状《びょうじょう》もやっと山をこし、回復《かいふく》に向《む》かっているのでもう心配がないそうだ。

山を
下《くだ》るのは
楽《らく》だね

「山」の付《つ》く慣用句《かんようく》

山が当《あ》たる…万一《まんいち》の的中《てきちゅう》を期待《きたい》してやったことが、うまくいく。

山をかける…推測《すいそく》をもとに、ねらいをしぼる。

山がはずれる…予想《よそう》がはずれる。

熱《ねつ》が下《さ》がってきましたね。
そう。
山をこしたようですが、ムリをしないように。
ありがとうございました。
クリニック
山をこしましたって。
よかったね。山をこしたんだ。
ぼくのテストは、山がはずれました～。
それはどーゆー意味《いみ》？

ゆ

指《ゆび》をくわえる

意《い》味《み》 そばで見《み》ているだけで、手出《てだ》しができずにいる。また、自分《じぶん》もそうしたいと思《おも》いながら、何《なに》もできないでいる。

参《さん》考《こう》 うらやましそうに、指をくわえて見ているようすから。

使《つか》い方《かた》 足《あし》をけがしてサッカーの試合《しあい》に出《で》られなくて、指をくわえて見ていた。／環境《かんきょう》が悪《わる》くなるのを指をくわえて見ているだけでなく、一人一人《ひとりひとり》が自覚《じかく》しなければならない。

赤《あか》ちゃんじゃないよ！

「指」の付《つ》く慣用句《かんようく》

指一本差《いっぽんさ》させない…他《た》人《にん》からの批難《ひなん》、口出《くちだ》しなどをいっさいゆるさない。

指折《お》り数《かぞ》える…その日《ひ》が待《ま》ち遠《どお》しく、あと何《なん》日《にち》と数える。

お！当《あ》たり！
おばちゃんもう一本
いいな！
おお、またまた。
いいなー！
指をくわえてついてくるな！
ほしけりゃほしいって言《い》えよ。
ほしい。
でも
やんない

横車《よこぐるま》をおす

意味《いみ》 理《り》くつに合《あ》わないことを、無理《むり》におし通《とお》そうとする。無理やり自分《じぶん》の考《かんが》えを通そうとする。

参考《さんこう》 後《うし》ろからおすべき車《くるま》を、無理に横からおすようすから。

使い方《つかいかた》 会議《かいぎ》で決《き》まった結論《けつろん》に、気《き》に入《い》らないと社長《しゃちょう》が横車をおした。／せっかく決まった赤《あか》ちゃんの名前《なまえ》に、いなかのおじいさんが気に入らないと言《い》って横車をおした。

車を
おすの？

「横」の付《つ》く慣用句《かんようく》

横道《よこみち》にそれる…話題《わだい》などが、本来《ほんらい》のものからはなれる。

横を向《む》く…気に入らないので、無視《むし》したり、きょひしたりする。知《し》らん顔《かお》をする。

キミたち、どけどけ。
えっ
今日《きょう》は、低学年《ていがくねん》がグラウンドを使《つか》う日《ひ》です。
オレたちの日に雨《あめ》がふったんだ。いいから、どけよ。
そんな横車をおすなんてよくないわ。
ヨコグルマ？
オイ！それヨコグルマっていうのか？
ちがう!!
さぁ？

らく印《いん》をおされる

意味《いみ》 消《け》すことのできない、不《ふ》めいよな評価《ひょうか》を受《う》ける。また、そういう人間《にんげん》であると決《き》めつけられる。

参考《さんこう》 「らく印」は、江戸時代《えどじだい》、刑罰《けいばつ》として罪人《ざいにん》の額《ひたい》などにおした焼《や》き印。

らく印は刑罰《けいばつ》の印《しるし》？

使い方《つかいかた》 無実《むじつ》であるのに、犯罪者《はんざいしゃ》の**らく印をおされた**人《ひと》も、昔《むかし》からたくさんいるらしい。／世間《せけん》からはだめな人と**らく印をおされ**ながら、芸術《げいじゅつ》の方面《ほうめん》などで力《ちから》を発揮《はっき》した人もいる。

「印・判《はん》」に関係《かんけい》した慣用句《かんようく》

判でおしたよう…生活《せいかつ》のペースなどが、少《すこ》しの変化《へんか》もなく、いつも決まりきっているようす。「判をおしたよう」ともいう。

畑《はたけ》の作物《さくもつ》をあらすので、
コラッ
「サルはワルもの」とらく印をおされた。
しかし、もとは人間《にんげん》たちの森林《しんりん》ばっさいによって……
エサが足《た》りなくなったからなんだよ。
そうかぁ。
おみや
サルにちゅうい！

ろれつが回《まわ》らない

意《い》味《み》 舌《した》がよく動《うご》かず、ことばがはっきりしない。よっぱらったりして、よくしゃべれない。

参《さん》考《こう》 「ろれつ」は、「りょりつ（呂律）」が変化《へんか》したもので、昔《むかし》の音楽《おんがく》の調子《ちょうし》を表《あらわ》すことば。ここから、調子よくものが言えないことを意味《いみ》するようになった。

使《つか》い方《かた》 父《ちち》は酒《さけ》によいすぎると、いつも**ろれつが回らなく**なる。／口のますいが切《き》れていないので、**ろれつが回らない**。

わしは
酒にようと
そうなる…

「芸能《げいのう》」に関係《かんけい》した慣《かん》用句《ようく》

鳴《な》り物入《ものい》り…ものごとの宣伝《せんでん》をはでにしたり、話題《わだい》にしてもてはやしたりすること。「鳴り物」は楽器《がっき》、おはやしのこと。

暑《あつ》いときはコレだよ。
ひべふぁ～い。（つめた～い）
うあ。校長先生《こうちょうせんせい》だ。
ひょろにゃちあ～。（こんにちは）

我《われ》を忘《わす》れる

意味《いみ》 ものごとに、夢中《むちゅう》になっているようす。ものごとに心《こころ》をうばわれ、ぼんやりしているようす。

参考《さんこう》 「我」は、自分自身《じぶんじしん》。また、自分の意識《いしき》。

使い方《つかいかた》 あまりにも美《うつく》しい風景《ふうけい》に、我を忘れて見《み》とれていた。／大《おお》きな地震《じしん》だったので、我を忘れて物《もの》かげににげこんだ。／母親《ははおや》は、子《こ》どもを助《たす》けようと、我を忘れて川《かわ》に飛《と》びこんだ。

忘れ物が
多《おお》いのか？

「我《が》」の付《つ》く慣用句《かんようく》

我が強《つよ》い…自分の考《かんが》えや気持《きも》ちをおし通《とお》そうとして、他人《たにん》と協調《きょうちょう》しないようす。

我を折《お》る…自分の考えを主張《しゅちょう》するのをやめ、人《ひと》の意見《いけん》にしたがう。

オレが、カンニングしてるだと？
ぜったいしてないぞ。
おちつけ。
まちがったところが、まったくいっしょで、
同《おな》じ点《てん》だけど。
40点か。
席《せき》がこんなに遠《とお》いから、ぐうぜんだね。
ワルイ！
つい我を忘れてしまった。

輪《わ》をかける

意味《いみ》 ものごとの程度《ていど》をさらに大《おお》きくする。また、実際《じっさい》より大げさに言《い》う。

参考《さんこう》 大きさを、一回《ひとまわ》り大きくする意《い》味《み》から。

使《つか》い方《かた》 あの夫婦《ふうふ》はのんびり屋《や》だが、子《こ》どもは輪をかけてのんびりしている。／あのむすこは、父親《ちちおや》に輪をかけた大食《おおぐ》いだそうだ。／あの娘《むすめ》さんは、母親《ははおや》に輪をかけたしまり屋で、洋服《ようふく》はバーゲンセールでしか買《か》わないそうだ。

一回り大きくなるね！

「丸《まる》」が付《つ》く慣用句《かんようく》

丸く収《おさ》まる…もめごとが、円満《えんまん》に解決《かいけつ》する。

丸い卵《たまご》も切《き》りようで四角《しかく》…同《おな》じことでも、やり方《かた》によっておだやかにも、とげとげしくもなる。

ロボン、久《ひさ》しぶりじゃー。
ハカセ！
かん太君《たくん》のところで、どんなことを覚《おぼ》えたんじゃ？
ゲーム！
ぼくに、輪をかけてゲーム好《ず》きになっちゃいました。
コンピュータゲームなら前《まえ》からやっとったぞ。
ゲームもいろいろです。
輪投《わな》げとか。
おお
スコーン

クイズ 体《からだ》に関《かん》する慣用句《かんようく》

?

Q慣用句のクイズを出《だ》すよ！

左《ひだり》のマンガで、セリフ中《ちゅう》の（　　）の中《なか》に入《はい》ることばは何《なん》だろう？

また遊《あそ》ぼうね。
うん。
来週《らいしゅう》は、遊べる？
わかんないや。
キミふだんはおとなしいけど、（?）が広《ひろ》いんだね。
そーかなー。
えー！キミが『クワガタ・キング』の世界《せかい》チャンピオンなの。広いわけだ。
うん。来週はゲームメーカーと打《う》ち合《あ》わせだ。

A答《こた》えは「顔《かお》」だよ。「顔が広《ひろ》い」という慣用句なんだ。意味《いみ》は、知《し》り合《あ》いが多《おお》くて、つきあいが広い。たとえば、「あの人《ひと》は、この町《まち》でとても顔が広い」というように使《つか》うよ。慣用句は短《みじか》いことばだけれど、ことばの表面《ひょうめん》の意味とはちがう、とくべつな意味をもっているんだ。「顔」ということばには、目《め》や鼻《はな》のあるところという意味のほかに、「顔ぶれ・人数《にんずう》」、「面目《めんぼく》・対面《たいめん》・めいよ」、「信用《しんよう》・交際《こうさい》」などの意味があるのさ。

顔のつく慣用句のほかにも、人間《にんげん》の体《からだ》の部分《ぶぶん》のことばを取《と》り入《い》れた慣用句（→一四八ページ〜）がたくさんあるから、見《み》てみよう！

第《だい》2章《しょう》
まだまだあるよ！

いろいろな慣用句《かんようく》
なぁ、ロボン。

少《すこ》しは慣用句のことがわかったかい？

ウン！

じゃあ、問題《もんだい》です。「足《あし》をのばす」の意味《いみ》は？

ヒント。移動《いどう》するよ。

わかった！

こうでしょ！

ビョーーーン
ちがう!!

次《つぎ》のページから、体《からだ》の部位《ぶい》や動植物《どうしょくぶつ》などに関係《かんけい》することばが入《はい》った慣用句をしょうかいするよ。

頭《あたま》が上《あ》がらない

意味《いみ》 相手《あいて》に実力《じつりょく》で負《ま》けていたり、恩《おん》があったりして、対等《たいとう》にふるまえない。

参考《さんこう》 頭を上げて対等に向《む》きあえないの意味《いみ》。実力がかけはなれた相手には使《つか》わない。

使《つか》い方《かた》 しっかり者《もの》の妹《いもうと》には頭が上がらない。

こっちが安《やす》いでしょ。お兄《にい》ちゃん。
ナルホド
お前《まえ》には頭が上がらないや。
お買得

頭《あたま》が固《かた》い

意味《いみ》 一《ひと》つの考《かんが》え方《かた》にとらわれていて、その場《ば》その場に応《おう》じた柔《じゅう》なんな考え方ができない。ゆうずうがきかない。

使《つか》い方《かた》 あんなに頭が固いコーチでは、選手《せんしゅ》一人《ひとり》ひとりの個性《こせい》をのばすことなんてできやしない。

根性《こんじょう》！
根性！
根性だけなんだもん。
あのコーチ、頭が固いよ。

頭《あたま》に来《く》る

意味《いみ》 ひじょうに腹《はら》が立《た》つ。いかりで、かっとなる。

参考《さんこう》 いかりの気持《きも》ちが頭に上《のぼ》る意味《いみ》。「とさかに来る」ともいう。

使《つか》い方《かた》 人《ひと》にそうじの仕事《しごと》をおし付《つ》けて遊《あそ》び回《まわ》っている友《とも》だちには、本当《ほんとう》に頭に来る。

あ！遊んでるじゃないのー。
イクゾー
頭に来るわ！

頭《あたま》を痛《いた》める

意味《いみ》 問題《もんだい》となっていることへの対応《たいおう》の仕方《しかた》や解決法《かいけつほう》をいろいろ考《かんが》え、なやんだり苦《くる》しんだりする。頭をなやます。

使《つか》い方《かた》 市当局《しとうきょく》や警察《けいさつ》は、交通事故《こうつうじこ》が少《すこ》しでもへるように、その対策《たいさく》に日夜《にちや》頭を痛めている。

本日の事故 8 件
死亡 0 人
ケガ 5 人
どうしたらいいかなぁ……。

頭《あたま》をかかえる

意味《いみ》 解決法《かいけつほう》のわからない問題《もんだい》や、どうしたらよいかわからない状況《じょうきょう》にあって、こまって考《かんが》えこむ。

参考《さんこう》 こまって頭《あたま》を手《て》でかかえるようすから。

使《つか》い方《かた》 父《ちち》は、店《みせ》の売《う》り上《あ》げがのびず、**頭をかかえ**ている。

今月《こんげつ》も赤字《あかじ》だなぁ。
また頭をかかえてる。

頭《あたま》を働《はたら》かせる

意味《いみ》 頭脳《ずのう》や知識《ちしき》を十分《じゅうぶん》に発揮《はっき》させる。頭を使《つか》う。

参考《さんこう》 「頭」は、脳《のう》の働きの意味《いみ》。似《に》た意味のことばに「頭をひねる」「頭をしぼる」などがある。

使《つか》い方《かた》 ちょっと**頭を働かせれ**ばすぐわかる問題《もんだい》だ。

おお!はまった。
パズル
おや?できたのか。
ちょっと頭を働かせただけさー。
ロボンが。

頭《あたま》をひねる

意味《いみ》 疑問《ぎもん》をとくため、またはよい方法《ほうほう》を見《み》つけるために、一生《いっしょう》けんめいに考《かんが》える。

参考《さんこう》 「ひねる」は、かたむける動作《どうさ》で、考えをめぐらす意味《いみ》。

使《つか》い方《かた》 運動会《うんどうかい》の出《だ》し物《もの》について、運営委員《うんえいいいん》が頭をひねっている。

出《だ》し物《もの》決《き》まった？
みんなで頭をひねってるところです。

頭《あたま》を冷《ひ》やす

意味《いみ》 こうふんしている気持《きも》ちを、おちつかせる。冷静《れいせい》にさせる。

参考《さんこう》 こうふんして頭に血《ち》が上《のぼ》り、かっかしているのをおちつかせる意味《いみ》。

使《つか》い方《かた》 議論《ぎろん》のとちゅうで休《きゅう》けいを取《と》り、両者《りょうしゃ》の頭を冷やす。

いいと思《おも》います！
ダメです！
ちょっと休《きゅう》けい。
ガラッ
頭を冷やしましょう。

頭《あたま》を丸《まる》める

意味《いみ》 ①髪《かみ》の毛《け》をそる。②髪の毛をそって出家《しゅっけ》する。③反省《はんせい》や出《で》直《なお》しなどのため、髪の毛を短《みじか》く切《き》る。

参考《さんこう》 髪の毛をそった頭が丸く見《み》えるから。

使《つか》い方《かた》 ③初戦《しょせん》で敗《やぶ》れるとは、選《せん》手《しゅ》全《ぜん》員《いん》頭を丸めてやり直《なお》しだ。

反省《はんせい》します。
頭を丸めて

頭《あたま》をもたげる

意味《いみ》 ①ある考《かんが》えや気《き》持《も》ちが、心《こころ》の中《なか》にうかんでくる。②あるものの勢《いきお》いが目立《めだ》ってくる。

参考《さんこう》 「もたげる」は、上《うえ》にあげることから、目立ってくる意味《いみ》。

使《つか》い方《かた》 ①疑《うたが》いの念《ねん》が頭をもたげる。②下位《かい》チームが頭をもたげる。

あら。
三時《さんじ》すぎたのに
かん太《た》おとなしいわ。

いつのまに！
疑《うたが》いの念《ねん》が
頭をもたげる
ママさん
だった。

目《め》が肥《こ》える

意味《いみ》 美術品《びじゅつひん》や演劇《えんげき》・ファッションなどのよいものをたくさん見《み》て、本物《ほんもの》の価値《かち》が見分《みわ》けられるようになる。

参考《さんこう》 「肥える」は、発達《はったつ》する意味《いみ》。

使《つか》い方《かた》 最近《さいきん》は目が肥えた人《ひと》が多《おお》くて、デザイナーも大変《たいへん》だそうだ。

あのダイヤ、ニセモノだよ！
目が肥えてる。

目《め》が覚《さ》める

意味《いみ》 まよいがなくなって、または、自分《じぶん》のあやまりに気付《きづ》き、心《こころ》を改《あらた》め、正《ただ》しい方向《ほうこう》に進《すす》む気になる。

参考《さんこう》 ねむりから覚める意味《いみ》から。

使《つか》い方《かた》 父《ちち》のなみだで目が覚め、まじめに働《はたら》こうときめた。

目が覚めました。ゴメンナサイ。

目《め》がすわる

意《い》味《み》 いかりや酒《さけ》のよいなどで、ひとみが一《いっ》点《てん》を見《み》つめたまま動《うご》かなくなる。

参《さん》考《こう》 「すわる」は、じっとして、動かなくなる。

使《つか》い方《かた》 かれの目がすわってきたら、大《おお》あばれする前《まえ》ぶれだから気《き》を付《つ》けなさい。

……。
うわ！あぶないぞ。
ダイゴの目がすわってる!!

目《め》がない

意《い》味《み》 ①判《はん》断《だん》したり評《ひょう》価《か》したりする力《ちから》がない。②夢《む》中《ちゅう》になってほかのことをわすれるほど、そのものが好《す》きである。

参《さん》考《こう》 ②の「目」は分《ふん》別《べつ》の意《い》味《み》。

使《つか》い方《かた》 ①目がない鑑《かん》定《てい》家《か》。②あまいものに目がない。

ぼくのしゅみは…。
収入《しゅうにゅう》は…。
早《はや》く食《た》べたいわ…。
おいしそう。
話《はなし》聞《き》いて！
ケーキに目がないんです。

目《め》からうろこが落《お》ちる

意味《いみ》 ふとしたきっかけから、それまでわからなかったものごとの真相《しんそう》や本質《ほんしつ》がよくわかるようになる。

参考《さんこう》 うろこは視力《しりょく》をさえぎるもののたとえ。

使《つか》い方《かた》 寺《てら》の由来《ゆらい》を聞《き》いてなぞがとけ、目からうろこが落ちた。

戦国時代《せんごくじだい》にとなりの国《くに》から、ひっこしてきました。
まあ
ただの古《ふる》いお寺《てら》だと思《おも》ったけど…
目からうろこが落ちたわ。

目《め》に余《あま》る

意味《いみ》 ものごとの程度《ていど》などがあまりにひどすぎて、見《み》すごすことができない。

参考《さんこう》 「余る」は、基《き》準《じゅん》をこえる。

使《つか》い方《かた》 最近《さいきん》のかれらの目に余るらんぼうな行動《こうどう》は、だまって見すごすことができない。

あ！
らんぼうな行動《こうどう》は目に余るわ！
イテッ
グッ

目《め》に付《つ》く

意味《いみ》 姿《すがた》などがとくによく見《み》られる。目立《めだ》って見える。

使《つか》い方《かた》 夏休《なつやす》みになったので、街《まち》では子《こ》どもたちの姿が目に付くようになった。／運動会《うんどうかい》のポスターを、人《ひと》の目に付くところにはって歩《ある》いた。

ここなら目に付くね。
んどう会
10月
けいじば

目《め》の色《いろ》を変《か》える

意味《いみ》 いかりやおどろき、また熱中《ねっちゅう》したときなどに、目の表情《ひょうじょう》を変える。

参《さん》考《こう》 「目の色」は、目の表情。

使《つか》い方《かた》 何《なに》があったのか、今日《きょう》はお兄《にい》ちゃんが目の色を変えて勉強《べんきょう》している。

アハハハ。
アハハハ。
なぜ？
目の色を変えて、勉強《べんきょう》してる！

目《め》を疑《うたが》う

意味《いみ》 見《み》たものがあまりに思《おも》いがけなくて、事実《じじつ》なのか、すぐには信《しん》じられない。見まちがいではないかと思う。

参考《さんこう》 「目」は、ものを見る目の機能《きのう》。

使《つか》い方《かた》 部屋《へや》が散《ち》らかっていて、思わず目を疑った。

目を疑うわ！

目《め》をうばう

意味《いみ》 美《うつく》しさ・りっぱさなどで、人《ひと》を見《み》とれさせる。目を引《ひ》き付《つ》けさせる。

参考《さんこう》 「うばう」は、むちゅうにさせる。

使《つか》い方《かた》 風景《ふうけい》のあまりのすばらしさに、すっかり目をうばわれてしまった。

目をうばわれた。
こっち見《み》て！

目《め》をかける

意《い》味《み》 下《した》の地《ち》位《い》の者《もの》をとくに注《ちゅう》意《い》してめんどうをみたり、引《ひ》き立《た》てたりする。

参《さん》考《こう》 「かける」は、心《こころ》にとどめわすれない。つねに気《き》にする意《い》味《み》。

使《つか》い方《かた》 目をかけて育《そだ》てた部《ぶ》下《か》が、りっぱに一《いち》人《にん》前《まえ》になった。

では、ヨロシク。
目をかけた部《ぶ》下《か》が、一《いち》人《にん》前《まえ》になったなぁ。

目《め》を配《くば》る

意《い》味《み》 注《ちゅう》意《い》がいきわたるように、あちらこちらをよく見《み》る。目《め》配《くば》りする。

参《さん》考《こう》 「目」は、注意して見ること。

使《つか》い方《かた》 けいびの人《ひと》が、周《しゅう》囲《い》に目を配る。／放《ほう》課《か》後《ご》の子《こ》どもたちにも目を配っていきたい。

異《い》状《じょう》はないかな。
目を配ろう。

目《め》をこらす

意《い》味《み》 よく見《み》ようと、注意《ちゅうい》してじっと見つめる。

参《さん》考《こう》 「こらす」は、働《はたら》きを集中《しゅうちゅう》させる意味《いみ》。

使《つか》い方《かた》 じっと目をこらして北《きた》の空《そら》を見つめていたら、暗《くら》い夜空《よぞら》にいくつかの星《ほし》がまたたくのが見えてきた。

目をこらしたら、北斗七星《ほくとしちせい》が見《み》えた！
どこどこ？

目《め》を白黒《しろくろ》させる

意《い》味《み》 ものがのどにつかえて息《いき》が苦《くる》しいときや、ひどくおどろいたときなどに、目玉《めだま》をはげしく動《うご》かす。

参《さん》考《こう》 黒目《くろめ》をはげしく動かす意味《いみ》。

使《つか》い方《かた》 おもちがのどにつかえ、目を白黒させる。

七《なな》つ目《め》！新記録《しんきろく》だよ。
うっ！
どうしたの。目を白黒させて！

目《め》を通《とお》す

意味《いみ》 書《か》かれたものの全体《ぜんたい》を、ひとどおりざっと読《よ》む。

参考《さんこう》 「通す」は、はじめから終《お》わりまでする。

使《つか》い方《かた》 時間《じかん》がないので、新聞《しんぶん》にざっと目を通して出《で》かけた。／作《さく》文《ぶん》にもう一度《いちど》ざっと目を通してから提出《ていしゅつ》した。

会社《かいしゃ》におくれちゃう!
いってくる!
スポーツ欄《らん》には目を通していくんだ。

目《め》を光《ひか》らせる

意味《いみ》 悪《わる》いことが行《おこな》われないように、ゆだんなく見《み》はる。

参考《さんこう》 「光らせる」は、きびしい目付《めつ》きで見るたとえ。

使《つか》い方《かた》 正《ただ》しい政治《せいじ》が行われるように、国民《こくみん》一人《ひとり》一人が目を光らせることがとても大切《たいせつ》だ。

税金《ぜいきん》のゆくえに目を光らせておかなくちゃ。

目《め》を引《ひ》く

意味《いみ》 行動《こうどう》やようすなどが目立《めだ》って、人《ひと》の注意《ちゅうい》を引《ひ》き付《つ》ける。

参考《さんこう》 「人目《ひとめ》を引く」ともいう。似《に》た意味《いみ》のことばに「耳目《じもく》を集《あつ》める」などがある。

使《つか》い方《かた》 ぼくの町《まち》にも、目を引く大《おお》きなビルができた。

キャーーッ
よこみち君《くん》のおどりは目を引くわ！

目《め》を細《ほそ》くする

意味《いみ》 かわいいと思《おも》ったり、うれしい気持《きも》ちで、にっこり笑《わら》う。

参考《さんこう》 笑うと目が細くなることから。「目を細める」ともいう。

使《つか》い方《かた》 たろう君《くん》のおじいさんは、孫《まご》のむじゃきなしぐさに、目を細くしている。

おじいちゃん
はいよ。
おじいさん、目を細くしてるわ。

目《め》を丸《まる》くする

意《い》味《み》 ひじょうにおどろいて、目を大《おお》きく見《み》開《ひら》く。

参《さん》考《こう》 「丸くする」は、目を大きく開くと丸くなることから。

使《つか》い方《かた》 わたしのおばあさんは、十年《じゅうねん》ぶりに会《あ》った孫《まご》の成長《せいちょう》ぶりにおどろいて、目を丸くした。

まあ。
目を丸くしてしまうわ。
かん太《た》だよ!

目《め》を回《まわ》す

意《い》味《み》 ①意識《いしき》がなくなる。気《き》を失《うしな》う。②ひじょうにいそがしくて、あわてふためく。

参《さん》考《こう》 神経《しんけい》がおかしくなって、目が回るように感《かん》じる意味《いみ》。

使《つか》い方《かた》 ②今日《きょう》はお祭《まつ》りで一日中《いちにちじゅう》お客《きゃく》さんが多《おお》く、目を回した。

五《いつ》つね。
いそがしくて、
目を回しそう!
こっちも。

目《め》を見《み》張《は》る

意味《いみ》 ひじょうにおどろいたり感心《かんしん》したりして、目を大《おお》きく開《ひら》く。

参考《さんこう》 「目を丸《まる》くする」と似《に》ているが、「目を見張る」には、感心・感動《かんどう》の意味《いみ》もある。

使《つか》い方《かた》 目を見張るような見事《みごと》なシュートに、会場《かいじょう》がわいた。

目を見張るようなシュートです!!

目《め》をむく

意《い》味《み》 おこったりおどろいたりして、目を大《おお》きく見開《みひら》く。

参《さん》考《こう》 「むく」はおおっているものをはがす意《い》味《み》から、飛《と》び出《だ》しそうにする。

使《つか》い方《かた》 弟《おとうと》のゲームをかってに使《つか》ったら、弟が目をむいておこった。

かってに使《つか》ってるー!
目をむいておこるなよ。
ゴメン

まゆつば物《もの》

意味《いみ》 だまされないように用心《ようじん》しなければならないこと。また、そのような話《はなし》など。

参考《さんこう》 まゆにつばを付《つ》けると、きつねなどにだまされないといわれていたことから。

使《つか》い方《かた》 その話はどうもまゆつば物だ。

本物のダイヤモンド
ゆびわ100円
まゆつば物だよ！

まゆをひそめる

意味《いみ》 ふゆかいな気持《きも》ちや心配《しんぱい》などのため、顔《かお》をしかめる。

参考《さんこう》 「ひそめる」は、まゆのあたりにしわをよせる。

使《つか》い方《かた》 大《おお》きな音《おと》で音《おん》楽《がく》を流《なが》すとなりのお兄《にい》さんに、近所《きんじょ》の人《ひと》はまゆをひそめている。

ズンズン
ジャンジャン
めいわくねえ……。
ヒソヒソ
みんな、まゆをひそめてるのに。

鼻《はな》であしらう

意味《いみ》 相手《あいて》に対《たい》してまともに取《と》り合《あ》わないで、見下《みくだ》した冷《つめ》たい応対《おうたい》をする。

参考《さんこう》 鼻先《はなさき》で軽《かる》くあつかう意味《いみ》。

使《つか》い方《かた》 となり町《まち》のチームに対戦《たいせん》を申《もう》し入《い》れたら、実力《じつりょく》がちがうと、鼻であしらわれた。

強《つよ》いとこと試合《しあい》して、
強くなろう！
ダメダメ。
鼻であしらわれちゃった。

鼻《はな》で笑《わら》う

意味《いみ》 相手《あいて》を下《した》に見《み》て、ひややかに笑う。鼻先《はなさき》で笑う。

参考《さんこう》 ばかにして鼻先でふふんと笑う意味《いみ》。

使《つか》い方《かた》 何《なん》か月《げつ》も考《かんが》えぬいた新《あたら》しい提案《ていあん》をしたが、上司《じょうし》に鼻で笑われてくやしい思《おも》いをした。

三《さん》か月《げつ》かかってこのアイデア？
鼻で笑われた！

鼻《はな》にかける

意味《いみ》 他人《たにん》よりちょっとすぐれていることをじまんする。得意《とくい》になる。

参考《さんこう》 じまんそうに言《い》う鼻にかかった声《こえ》の調子《ちょうし》から。

使《つか》い方《かた》 親《おや》が金持《かねも》ちであることを**鼻にかける**いやなやつ。

うちは金持《かねも》ちだからさ！
鼻にかけてイヤなヤツ！

鼻《はな》に付《つ》く

意味《いみ》 同《おな》じことが何度《なんど》もくり返《かえ》されて、あきていやになる。いやみに感《かん》じる。

参考《さんこう》 においが鼻につきまとう意味《いみ》から。

使《つか》い方《かた》 いつも子《こ》どものじまん話《ばなし》ばかり聞《き》かされては、いいかげん**鼻に付い**てきた。

うちの娘《むすめ》は、すごいざますのぉ――。オッホホホホ。
そろそろ鼻に付いてきたわ。

鼻《はな》を明《あ》かす

意《い》味《み》 先手《せんて》を打《う》ったり思《おも》いがけないことをしたりして、相手《あいて》をやりこめ、おどろかせてやる。

使《つか》い方《かた》 テストでがんばって、いつも成績《せいせき》をじまんしているいやみな友《とも》だちの鼻を明かしてやった。

あいつの鼻を明かしてやりたいんだ。
スポーツ？勉強《べんきょう》？
芸術《げいじゅつ》？
とりあえずルックスで。

鼻《はな》を折《お》る

意《い》味《み》 得意《とくい》になっておごり高《たか》ぶっている相手《あいて》をこらしめ、はじをかかせる。

参《さん》考《こう》 高慢《こうまん》な高い鼻を折る意味《いみ》。「鼻っ柱《ぱしら》をへし折る」ともいう。

使《つか》い方《かた》 サッカーで大《たい》勝《しょう》し、生意気《なまいき》な下級生《かきゅうせい》の鼻を折ってやった。

上級生《じょうきゅうせい》に鼻を折られたか。
完敗《かんぱい》した。

開《あ》いた口《くち》がふさがらない

意《い》味《み》 あまりにあきれたり、おどろいたりしてものが言《い》えない。

参《さん》考《こう》 あきれてぽかんと口を開けたままにしているようすから。

使《つか》い方《かた》 集合《しゅうごう》に三十分《さんじっぷん》おくれても平《へい》気《き》でいるかれの態度《たいど》には、開いた口がふさがらない。

おーす！
そろってるな。
三十分《さんじっぷん》も
ちこくなのに
開いた口が
ふさがらないよ。

口《くち》がうまい

意《い》味《み》 人《ひと》の心《こころ》を引《ひ》くようなことをうまく言《い》って、取《と》り入《い》ったり、まるめこんだりするのがじょうずだ。

参《さん》考《こう》 「口」は話《はな》し方《かた》。

使《つか》い方《かた》 セールスマンは口がうまいので、気《き》をつけていてもつい乗《の》せられてしまう。

キミの
順番《じゅんばん》を
先《さき》にして
次《つぎ》はボク。
口がうまい
ヤツだから気《き》を
つけなくちゃ。
けっきょく
乗《の》せられた？
たのむ！

口《くち》が重《おも》い

意味《いみ》 あまりしゃべらない。無口《むくち》である。

参考《さんこう》 口をあまり開《ひら》かないようすが、くちびるが重そうに見《み》えることから。

使《つか》い方《かた》 ごみの処理《しょり》の問題《もんだい》になると、対策《たいさく》が決《き》まらないので、市《し》の担当者《たんとうしゃ》も口が重くなる。

しらべ……
……ました。
たいへんだけど、口が重い子《こ》にも発表《はっぴょう》してもらわないと。

口《くち》がかたい

意味《いみ》 ひみつや大切《たいせつ》なことなど、人《ひと》に言《い》ってはならないことを知《し》っていても、人に言わない。

参考《さんこう》 口を開《ひら》かないようすが、くちびるが固《かた》いように見《み》えることから。

使《つか》い方《かた》 口がかたいので、よう子《こ》さんは友《とも》だちに信頼《しんらい》されている。

よう子《こ》ちゃんは口がかたいから、相談《そうだん》にのってもらおう！

口《くち》が酸《す》っぱくなる

意味《いみ》 人《ひと》にわからせようとして、同《おな》じことを何度《なんど》もくり返《かえ》して言《い》うようす。

参考《さんこう》 「口を酸っぱくする」ともいう。

使《つか》い方《かた》 口が酸っぱくなるほど言っても、お父《とう》さんのねぼうぐせは直《なお》らない。

パパ ねてます。
グー
ねぼうしないでって、口が酸っぱくなるほど言《い》ってるのに。

口《くち》が減《へ》らない

意味《いみ》 言《い》い負《ま》けたり、やりこめられたり、失《しっ》敗《ぱい》したりしても、へりくつや負けおしみを言って、引《ひ》き下《さ》がらない。

使《つか》い方《かた》 口が減らないやつだから、自分《じぶん》のエラーで負けたのに、グラウンドがでこぼこなのが悪《わる》いと言っている。

外野《がいや》は地面《じめん》がデコボコなんだもん！
エラーしたのに。
口が減らないなぁ。

口《くち》に合《あ》う

意味《いみ》 食《た》べ物《もの》や飲《の》み物の味《あじ》が、食べたり飲んだりする人《ひと》の好《この》みに一《いっ》致《ち》する。

使《つか》い方《かた》 やっぱりお母《かあ》さんの料理《りょうり》が、いちばんわたしの口に合う。／お口に合うかどうかわかりませんが、どうぞおめしあがりください。

これは……。
エスカルゴ。
→グルメリポーター
わたしの口に合います！
オイシー

口《くち》にする

意味《いみ》 ①食《た》べたり飲《の》んだりする。口に入《い》れる。②ことばに出《だ》して言《い》う。話《はな》す。

使《つか》い方《かた》 ①いそがしくて、朝《あさ》から何《なに》も口にしていない。②口にするのもはばかられるほど、むごたらしい事件《じけん》が発《はっ》生《せい》した。

それ、なんていう名《な》のオバケ？
それを口にしちゃいけないのよ。

口《くち》を切《き》る

意味《いみ》 ①会議《かいぎ》などで、最初《さいしょ》に発言《はつげん》する。②まだあけていないたるやびん、箱《はこ》やふうとうなどの、せん・ふた・ふうなどをあける。

使《つか》い方《かた》 ①一人《ひとり》が口を切ると、次々《つぎつぎ》に発言が続《つづ》いた。②ワインの口を切った。

発言《はつげん》の口を切ろう。
議長《ぎちょう》！
はい。どうぞ。

口《くち》をそろえる

意味《いみ》 二人以上《ふたりいじょう》の人《ひと》が、同《おな》じことを同時《どうじ》に言《い》う。また、多《おお》くの人が同じことを言う。

参考《さんこう》 鳥《とり》が鳴《な》く場合《ばあい》などにもいう。

使《つか》い方《かた》 口をそろえてさえずる。／学級委員《がっきゅういいん》の提案《ていあん》に、みんな口をそろえて賛成《さんせい》した。

かわいい！
みんな口をそろえてる。

口《くち》を出《だ》す

意《い》味《み》 人《ひと》の話《はなし》に割《わ》りこんで、自分《じぶん》の意見《いけん》などを言《い》う。また、人のすることに対《たい》して、さしでがましいことをする。

使《つか》い方《かた》 子《こ》どものけんかに親《おや》が口を出すのはみっともない。／一組《いちくみ》の問題《もんだい》だからほかの人は口を出さないでくれ。

どっちかに決《き》めなくちゃ。
PK戦《ピーケーせん》で決めれば！
組《くみ》がちがうのに口を出さないで！

口《くち》をとがらせる

意《い》味《み》 くちびるをつき出《だ》すようにして、おこったり、言《い》いあらそったりする。また、不満《ふまん》そうな顔付《かおつ》きをする。

使《つか》い方《かた》 口をとがらせて、言い合《あ》いをしている。／弟《おとうと》はすぐ口をとがらせるので、母《はは》はこまっている。

プリンはごはんのあとよ。
口をとがらせてる。

口《くち》をぬぐう

意《い》味《み》 悪《わる》いことをしているのに、していないふりをする。また、悪《あく》事《じ》などを知《し》っていて、知らないふりをする。

参《さん》考《こう》 「ぬぐう」は「ふく」意《い》味《み》。

使《つか》い方《かた》 使《つか》いこみを、口をぬぐってごまかしていた人《ひと》がつかまった。

タイヘンだ！これは使《つか》いこみだ！
知《し》らなかった！
口をぬぐっていたのか！
タイホします。

口《くち》をはさむ

意《い》味《み》 人《ひと》が話《はな》しているときに、割《わ》りこんで意《い》見《けん》などを言《い》う。

参《さん》考《こう》 「はさむ」は、間《あいだ》にさし入《い》れる。

使《つか》い方《かた》 口をはさんで悪《わる》いが、その話《はなし》はまちがっていると思《おも》うよ。／人の話に、すぐ口をはさむのは悪いくせだ。

ケンカはやめなよ。
ケンカじゃないよ。
すぐに口をはさむのは悪《わる》いクセよ。

耳《みみ》が痛《いた》い

意味《いみ》 人《ひと》のアドバイスなどが、自分《じぶん》の弱点《じゃくてん》や欠点《けってん》をついていて、聞《き》くのがつらい。

参考《さんこう》 「痛い」は、聞くのがつらいことのたとえ。

使《つか》い方《かた》 耳が痛いことでも指摘《してき》してくれるのが、本当《ほんとう》の友人《ゆうじん》だ。

親友《しんゆう》だから言《い》うけど、食《た》べすぎだよ。
う……耳が痛い。

耳《みみ》が早《はや》い

意味《いみ》 世間《せけん》のうわさなどを人《ひと》より早く聞《き》きつけ、よく知《し》っているようす。

使《つか》い方《かた》 耳が早いあゆみさんは、先生方《せんせいがた》の異《い》動《どう》のニュースをもう知っていた。／子《こ》どものころ耳が早かった和也《かずや》君《くん》は、記者《きしゃ》になった。

かっこいい転校生《てんこうせい》が来《く》るんだって！
エーッ

耳が早いなぁ。
ね！

耳《みみ》に入《い》れる

意《い》味《み》 ①聞《き》いて知《し》る。②情報《じょうほう》などを人《ひと》に知らせる。告《つ》げる。

参《さん》考《こう》 情報などを耳で聞くことを、「入れる」とたとえた。

使《つか》い方《かた》 ①ぐうぜん**耳に入れ**ていた情報が役《やく》立《だ》った。②家《いえ》の事情《じじょう》を、先生《せんせい》の**耳に入れ**ておく。

漢字《かんじ》の書《か》き順《じゅん》テストをしましょう。
そうですね。
すごい情報《じょうほう》を耳に入れたぞ!!

耳《みみ》にする

意《い》味《み》 うわさや情報《じょうほう》などが、耳に入《はい》ってくる。聞《き》く。

使《つか》い方《かた》 最近《さいきん》よく**耳にする**ことばに、ウェブサイトというのがある。／このごろ、友《とも》だちのみゆきさんのよいうわさをよく**耳にする**ようになった。

甘味
ココヨ
ウェブサイトで見《み》たのよ。
ウェブサイトってよく耳にするわねぇ。

耳《みみ》にたこができる

意味《いみ》 同《おな》じことを何度《なんど》も聞《き》かされて、うんざりするようす。

参考《さんこう》 「たこ」は、すれて皮《ひ》ふがかたくなったもの。たこができるほど同じ話《はなし》を聞く意味《いみ》。

使《つか》い方《かた》 父《ちち》のじまん話《ばなし》は、耳にたこができるほど聞かされている。

コンピューターの進化《しんか》にパパの仕事《しごと》が役立《やくだ》ってるんだぞ。
ふうん。
コンピューターの進化にパパの仕事が……。
耳にたこができるほど聞《き》いた。

耳《みみ》につく

意味《いみ》 ①音《おと》や声《こえ》が気《き》になる。②聞《き》いた音や声がいつまでもわすれられなくなる。③何度《なんど》も聞いて、あきあきする。

使《つか》い方《かた》 ①風《かぜ》の音が耳についてねむれない。②先生《せんせい》のことばが耳についている。③母《はは》の小《こ》言《ごと》も耳についてきた。

耳につくなぁ。

耳《みみ》にはさむ

意《い》味《み》 近《ちか》くで話《はな》していることなどを、聞《き》くとはなしに聞く。ちらっと聞く。

参《さん》考《こう》 「小《こ》耳《みみ》にはさむ」ともいう。

使《つか》い方《かた》 コンビニで**耳にはさんだ**のだけれど、角《かど》の空《あ》き地《ち》にマンションができるんですって。

あそこに20階《かい》建《だ》てのマンションが建《た》つのよ。
って耳にはさんだよ。
20階!

耳《みみ》を貸《か》す

意《い》味《み》 ①人《ひと》の言《い》うことを聞《き》く。聞こうとする。また、相談《そうだん》にのる。②聞きやすいように相《あい》手《て》の口《くち》に耳を近付《ちかづ》ける。

使《つか》い方《かた》 ①正男《まさお》君《くん》は、人のアドバイスに**耳を貸そう**ともしない。②ちょっと**耳を貸して**ほしいんだけど。

筆《ふで》をまっすぐに立《た》てましょう。
ダイゴはぜんぜん耳を貸さないね。

耳《みみ》をかたむける

意味《いみ》 熱心《ねっしん》に聞《き》く。注意《ちゅうい》してよく聞く。

参考《さんこう》 「かたむける」は、集中《しゅうちゅう》させる意味《いみ》。

使い方《つかいかた》 演奏会場《えんそうかいじょう》で、すばらしいピアノの音《おと》に耳をかたむける。／テレビで流《なが》される、選《せん》挙《きょ》の立候補者《りっこうほしゃ》たちの演《えん》説《ぜつ》に耳をかたむける。

最前列《さいぜんれつ》の席《せき》で耳をかたむけるのが最高《さいこう》！

耳《みみ》をすます

意味《いみ》 声《こえ》や音《おと》を聞《き》き取《と》ろうとして、注意《ちゅうい》を集《しゅう》中《ちゅう》する。

参考《さんこう》 「すます」は、集中させる意味《いみ》。

使い方《つかいかた》 夜《よる》、耳をすますと、遠《とお》くの方《ほう》に電車《でんしゃ》の音が聞こえる。／耳をすますと、もう秋《あき》の虫《むし》の音《ね》が聞こえた。

耳をすますとすず虫《むし》の鳴《な》き声《ごえ》が聞《き》こえるね。

グーッ
腹《はら》の虫も鳴っているね。

首《くび》がつながる

意味《いみ》 つとめていたところをやめなくてすむ。

参考《さんこう》 「首を切《き》る（つとめをやめさせる）」ことをまぬがれた意味《いみ》。

使《つか》い方《かた》 最近景気《さいきんけいき》が持《も》ち直《なお》してきたので、やっと首がつながっている。

どうやら首がつながりそうだ。
よかったわ。
ドキドキ

首《くび》にする

意味《いみ》 つとめをやめさせる。解雇《かいこ》する。

参考《さんこう》 打《う》ち首（罪《つみ》のある人《ひと》の首を刀《かたな》で切《き》り落《お》とす刑罰《けいばつ》）にするという意味《いみ》から。

使《つか》い方《かた》 勤務態度《きんむたいど》の悪《わる》い社員《しゃいん》を首にする。／業績《ぎょうせき》が悪いため、首にされた。

ああいう態度《たいど》の社員《しゃいん》は首にして！
はい。専務《せんむ》。

首《くび》をかしげる

意味《いみ》 変《へん》だと思《おも》ったり、疑問《ぎもん》に思ったりして、考《かんが》えこむ。

参考《さんこう》 「かしげる」は、ななめにする。

使《つか》い方《かた》 げんかん先《さき》にお金《かね》が置《お》いてあったので、だれが持《も》ってきたのかしらと、母《はは》は首をかしげている。

なに首をかしげてるの？
変《へん》だわ。
お金《かね》がはさまってるの。
なにかしらー？

首《くび》をつっこむ

意味《いみ》 きょうみや関心《かんしん》を持《も》って、そのことにかかわる。また、深入《ふかい》りする。

参考《さんこう》 「つっこむ」は、かかわりをもつ。

使《つか》い方《かた》 父《ちち》に、「子《こ》どもは、大人《おとな》の話《はなし》に首をつっこむものではない」と言《い》われた。

だれがどこへ
いつ行《い》くって？
大人の話に首をつっこまない。

手《て》が空《あ》く

意味《いみ》 一《ひと》つの仕事《しごと》や勉《べん》強《きょう》などが終《お》わって、ひまになる。手がすく。

使《つか》い方《かた》 ちょっと手が空いたら、こちらの作《さ》業《ぎょう》を手伝《てつだ》ってください。／仕事の手が空いた人《ひと》から手をあらって、お昼《ひる》の食事《しょくじ》にしてください。

手が空いてるなら
手伝《てつだ》って。

手《て》がかかる

意味《いみ》 人《ひと》のめんどうを見《み》たり、ものを作《つく》ったりするのに、時間《じかん》や労《ろう》力《りょく》がかかる。

参《さん》考《こう》 「手」は、手間《てま》のこと。

使《つか》い方《かた》 赤《あか》ちゃんを育《そだ》てるのには、手がかかる。／手編《てあ》みのセーターを作るのは手がかかる。

このセーター、手がかかったんだろうね。
手編《てあ》みだからね。

手《て》がこむ

意味《いみ》 しくみ・しかけ・細工《さいく》などが手数《てすう》をかけ、念入《ねんい》りにできている。また、ふくざつである。

参考《さんこう》 「こむ」はふくざつにいりくむ意味《いみ》。

使《つか》い方《かた》 おじさんの年《ねん》賀状《がじょう》はいつも手がこんでいて、家中《いえじゅう》で楽《たの》しみにしている。

こんな手がこんだ
イタズラする
ヤツは……。
おっと
だいたい
わかるけどね。

手《て》が出《で》ない

意味《いみ》 そのものが、自《じ》分《ぶん》の能力《のうりょく》や経済力《けいざいりょく》をこえていて、どうすることもできない。

使《つか》い方《かた》 問題《もんだい》がむずかしすぎて、ぼくの力《ちから》ではとても手が出ない。／すごくりっぱなメロンだけれども、高《たか》くてとても手が出ない。

おくさん、
メロンが
入《はい》ったのよ!
どう?
ちょっと
手が出ないわ。
いちまんえん
せんえん
せんえん

手《て》に余《あま》る

意味《いみ》 仕事《しごと》や問題《もんだい》などが自分《じぶん》の能力《のうりょく》をこえていて、自分の力《ちから》だけでは処理《しょり》することができない。

参考《さんこう》 「手」は、自分の能力。

使《つか》い方《かた》 このパズルはあまりにもむずかしくて、ぼくの手に余る。

この仕事《しごと》、ぼくにまかせてください！
手に余るようだ。手伝《てつだ》ってくれ。

手《て》に負《お》えない

意味《いみ》 仕事《しごと》や問題《もんだい》などが自分《じぶん》の能力《のうりょく》をこえていて、自分の力《ちから》だけでは処理《しょり》や処置《しょち》ができない。

参考《さんこう》 「負う」は自分の身《み》にひきうける。

使《つか》い方《かた》 やんちゃな弟《おとうと》と妹《いもうと》は、母《はは》一人《ひとり》では手に負えない。

やめなさい！
お母《かあ》さんだけじゃ、手に負えないわね！
ドタドタ

手《て》に付《つ》かない

意味《いみ》 ほかのことが気《き》になって、集中《しゅうちゅう》してそのことができない。また、あわてたりして、ボールをうまくにぎれない。

使《つか》い方《かた》 母《はは》の手術《しゅじゅつ》の結《けっ》果《か》が心配《しんぱい》で、朝《あさ》から何《なに》も手に付かない。／初《はじ》めての公式戦《こうしきせん》で、ボールが手に付かない。

バックホーム
あわわ。
ボールが手に付かないじゃないか。

手《て》に乗《の》る

意味《いみ》 だまされて、相《あい》手《て》の思《おも》いどおりになる。はかりごとにひっかかる。

参《さん》考《こう》 「手」は、やり方《かた》の意味《いみ》。

使《つか》い方《かた》 みんなは、きつねにさんざんだまされたので、もうその手に乗らなかった。

もうその手に乗らないぞ。
おじちゃん手伝《てつだ》って！

手《て》を入《い》れる

意味《いみ》 文章《ぶんしょう》・絵《え》・書道《しょどう》の作品《さくひん》などを、直《なお》したりおぎなったりして、よりよいものにする。

使《つか》い方《かた》 生徒《せいと》の作文《さくぶん》に先生《せんせい》がていねいに手を入れる。／書《か》き上《あ》がった習字《しゅうじ》に、先生が赤《あか》いぼくじゅうで手を入れてくれた。

少《すこ》し手を入れましょう。

手《て》を打《う》つ

意味《いみ》 ①話《はな》し合《あ》いをして、ある条件《じょうけん》で話《はなし》をまとめる。②先《さき》のことを考《かんが》えて準備《じゅんび》しておく。

参考《さんこう》 話がまとまると、関係者《かんけいしゃ》が手を打ちならす「手じめ」から。

使《つか》い方《かた》 ①その金額《きんがく》で手を打つ。②あらゆる手を打っておいた。

一万円《いちまんえん》で手を打とう。
まいど！

手《て》を切《き》る

意《い》味《み》 それまであったつきあいをやめる。関《かん》係《けい》をなくす。

参《さん》考《こう》 「手」は、つながりの意《い》味《み》。

使《つか》い方《かた》 悪《わる》い友《とも》だちとは手を切った。／姉《あね》はつき合《あ》っていた人《ひと》と手を切って、新《あたら》しい生活《せいかつ》を始《はじ》めた。

悪《わる》い友《とも》だちとは手を切ったよ。
よかった。

手《て》を加《くわ》える

意《い》味《み》 ①文章《ぶんしょう》を直《なお》したり、つけ加《くわ》えたりする。②加《か》工《こう》したり細《さい》工《く》をしたりする。

使《つか》い方《かた》 ①書《か》き上《あ》げた作《さく》文《ぶん》を読《よ》み返《かえ》して手を加える。②母《はは》は自分《じぶん》の手《て》編《あ》みのベストに手を加えて、父《ちち》のベストを作《つく》った。

これに少《すこ》し手を加えよう。
あたたかさ二倍《にばい》だね。

手《て》をこまねく

意味《いみ》 解決《かいけつ》しなければならない問題《もんだい》や、しまつをつけなければならないものごとがあるのに、何《なに》もしないでいる。

参考《さんこう》 「手をこまぬく」「手をこまね（ぬ）く」とも。うで組《ぐ》みする意味《いみ》。

使い方《つかいかた》 手をこまねいていると大事《おおごと》になる。

手をこまねいていると、大変《たいへん》なことになるぞ！

手《て》を引《ひ》く

意味《いみ》 それまであった協力関係《きょうりょくかんけい》などをやめる。かかわりあいをやめる。

参考《さんこう》 人《ひと》の手を取《と》ってみちびく意味《いみ》もある。

使い方《つかいかた》 わたしのおじいさんは、七〇才《さい》になって、いっさいの仕事《しごと》から手を引いた。

どうなっているんだ？
わが社《しゃ》はそのプランから手を引いていますので。

手《て》を広《ひろ》げる

意味《いみ》 仕事《しごと》や商売《しょうばい》などのはんいを広げたり、規模《きぼ》を大《おお》きくしたりする。

使《つか》い方《かた》 商売の手を広げすぎて、本業《ほんぎょう》がおろそかになってしまった。／町《まち》のケーキ屋《や》さんが、パン屋さんにまで手を広げている。

買収《ばいしゅう》
成功《せいこう》！
ずいぶん手を広げたな〜！

手《て》を回《まわ》す

意味《いみ》 話《はな》し合《あ》いがうまくいったり、問題《もんだい》を起《お》こさないようにするため、ひそかに必要《ひつよう》な手段《しゅだん》をとっておく。

使《つか》い方《かた》 反対意見《はんたいいけん》が出《で》ないように手を回す。／事故《じこ》が新聞記事《しんぶんきじ》にならないように、手を回した。

ヒソヒソ
ねーねー
反対意見《はんたいいけん》が出《で》ないように、手を回しているぞ！
ヒソ
ヒソ

うでが上《あ》がる

意味《いみ》 訓練《くんれん》や努力《どりょく》をした結果《けっか》、技術《ぎじゅつ》や技能《ぎのう》が上《じょう》達《たつ》する。「手《て》が上がる」も同《おな》じ意味。

使《つか》い方《かた》 達也君《たつやくん》は、最《さい》近《きん》しょうぎのうでが上がってきた。

参《さん》考《こう》 「うで」は「うで前」で、技術の意味《いみ》。

うでが上がったわね！

うでに覚《おぼ》えがある

意味《いみ》 身《み》につけた技《ぎ》術《じゅつ》・技能《ぎのう》などに、自信《じしん》がある。

使《つか》い方《かた》 父《ちち》は子《こ》どものころから長年《ながねん》剣道《けんどう》をやってきたので、「少々《しょうしょう》うでに覚えがある」と言《い》っている。

参《さん》考《こう》 「うで」はうで前《まえ》。「覚え」は自信。

子《こ》どものころからきたえていたから……

うでに覚えがあるぞ！
わースゴイ！

うでをふるう

意《い》味《み》 技術《ぎじゅつ》や能力《のうりょく》をじゅうぶんに発揮《はっき》する。

参《さん》考《こう》 「ふるう」は、力《ちから》などがじゅうぶんにあらわれるようにする。

使《つか》い方《かた》 お誕生会《たんじょうかい》は、母《はは》が**うでをふるっ**た料理《りょうり》がもりだくさんで、友《とも》だちに評判《ひょうばん》がよかった。

今日《きょう》はおれがうでをふるうぞ！
中華
3分
って、コレ？

うでをみがく

意《い》味《み》 技術《ぎじゅつ》や技能《ぎのう》を高《たか》めるために、練習《れんしゅう》やけいこにはげむ。

使《つか》い方《かた》 陶芸《とうげい》の工房《こうぼう》に入《はい》って、焼《や》き物《もの》の**うでをみがい**ている。／すし屋《や》の見習《みなら》いになり、十年間《じゅうねんかん》**うでをみがい**て、ついに自分《じぶん》の店《みせ》を開《ひら》いた。

ここで5年《ねん》はうでをみがくぞ！

胸《むね》が痛《いた》む

意味《いみ》 悲《かな》しみやあわれみ、なやみなどで、つらく思《おも》う。

参考《さんこう》 「胸を痛める」「心《こころ》が痛む」ともいう。

使《つか》い方《かた》 環境汚染《かんきょうおせん》のニュースを耳《みみ》にするたびに、胸が痛む。／災害《さいがい》にあった人《ひと》たちのことを思うと、胸が痛む。

わたしのうちでは
飼《か》えないし……。
胸が痛むわ。

胸《むね》がおどる

意味《いみ》 喜《よろこ》びの気持《きも》ちや、期待《きたい》・こうふんなどで、じっとしていられない気分《きぶん》になる。わくわくする。

使《つか》い方《かた》 試合《しあい》の開始前《かいしまえ》は、いつも期待で胸がおどる。／夏休《なつやす》みのキャンプのことを考《かんが》えると、今《いま》から胸がおどる。

ああ、胸がおどる！
かん太《た》がおどってる。

胸《むね》がすく

意味《いみ》 それまでのいやな気分《きぶん》が消《き》えて、気持《きも》ちがすっきりする。

参考《さんこう》 「すく」は、すき間《ま》ができることからつかえがとれすっきりする。

使《つか》い方《かた》 応援《おうえん》している野球《やきゅう》チームが大差《たいさ》で勝《か》って、胸がすく思《おも》いがした。

よしッ!
いいタマ!
カキ
わぁー!
かん太《た》が
サヨナラ
ホームランだ!
胸が
すくよ!

胸《むね》に刻《きざ》む

意味《いみ》 人《ひと》のことばなどを、わすれないように、しっかり心《こころ》にとどめる。

参考《さんこう》 「刻む」は、心にしっかりとどめる。

使《つか》い方《かた》 卒業式《そつぎょうしき》のときの校長先生《こうちょうせんせい》のことばを胸に刻んで、小学校《しょうがっこう》を卒業した。

卒業《そつぎょう》おめでとう!
がんばってね!
校長先生《こうちょうせんせい》の
おことばを
胸に刻みました。
そのお顔《かお》も!

胸《むね》に秘《ひ》める

意味《いみ》 考《かんが》えや思《おも》いなどをだれにも言《い》わずに、心《こころ》の中《なか》にとどめておく。

参考《さんこう》 「秘める」は、かくしとどめておく。「胸におさめる」「胸にたたむ」も似《に》た意味《いみ》のことば。

使い方《つかいかた》 大《おお》きな夢《ゆめ》を胸に秘める。

おれには
胸に秘めた
夢《ゆめ》があるゼ！

胸《むね》を打《う》つ

意味《いみ》 強《つよ》く感動《かんどう》させられる。感動する。

参考《さんこう》 「打つ」は、感動させる意味《いみ》。「心《こころ》を打つ」ともいう。

使い方《つかいかた》 きびしい自然《しぜん》の中《なか》で生《い》きる動物《どうぶつ》の親《おや》子《こ》の物語《ものがたり》に、胸を打たれた。／友《とも》だちの友情《ゆうじょう》に、胸を打たれた。

胸を打つ話《はなし》ですわ！
子《こ》どもたちにも
ぜひ！

胸《むね》を張《は》る

意味《いみ》 自信《じしん》にあふれた、堂々《どうどう》とした態度《たいど》をとる。

参考《さんこう》 胸をつきだすようなしせいをする意味《いみ》から。

使い方《つかいかた》 ガラスをわったとうたがわれたが、ぜったいしていませんと、胸を張って答《こた》えた。

慣用高校
慣用高校《かんようこうこう》！
胸を張っての入場《にゅうじょう》です！

胸《むね》をふくらませる

意味《いみ》 喜《よろこ》びや希望《きぼう》、期《き》待《たい》などで、心《こころ》をいっぱいにする。

参考《さんこう》 「ふくらませる」は、広《ひろ》げ大《おお》きくする。

使い方《つかいかた》 四月《しがつ》には、希望に胸をふくらませた新入生《しんにゅうせい》が入《はい》ってくる。／結婚《けっこん》が決《き》まり、胸をふくらませている。

ぼくが入学《にゅうがく》したときの写真《しゃしん》だ。

希望《きぼう》に胸をふくらませていたんだ。
大《おお》きなランドセルだね。

腹《はら》がすわる

意《い》味《み》 かくごがきまっていて、おそれたりまよったりしない。ものごとに動《どう》じない。

参《さん》考《こう》 「すわる」は、どっしりとおちつく。

使《つか》い方《かた》 もうどうなってもいいと思《おも》ったら、腹がすわって、おちつきが出《で》てきた。

老後《ろうご》の生活《せいかつ》が……。
心配《しんぱい》です。
でも、今《いま》からビクビクしたってむだですわ！
腹がすわった人《ひと》だなー。

腹《はら》が立《た》つ

意《い》味《み》 いかりを感《かん》じる。しゃくにさわる。

参《さん》考《こう》 「立つ」は、感情《かんじょう》がはげしくなる。

使《つか》い方《かた》 見当《けんとう》ちがいな文句《もんく》を言《い》う人《ひと》には、とても腹が立った。／また同《おな》じ失敗《しっぱい》をしてしまった自分《じぶん》のふがいなさに、腹が立つ。

自分《じぶん》のふがいなさに腹が立つ！
全部《ぜんぶ》の打席《だせき》が三振《さんしん》じゃ、こまるよ！

腹《はら》をかかえる

意《い》味《み》 おかしくてたまらず、大笑《おおわら》いをするようす。

参《さん》考《こう》 「かかえる」は、うでで だいて持《も》つ意《い》味《み》で、「腹をかかえる」で大笑《おおわら》いのようす。

使《つか》い方《かた》 落語《らくご》や漫才《まんざい》のあまりのおもしろさに、腹をかかえた。

腹をかかえて笑《わら》っているわ！ロボンまで。
ンじゃあナニかい？
うちのじゅげむじゅげむごこうのすりきれ…ったら！

腹《はら》をくくる

意《い》味《み》 どんなことがあってもひるまないと、かくごをきめる。

参《さん》考《こう》 「くくる」は、かくごをきめる。「腹をすえる」ともいう。

使《つか》い方《かた》 選挙戦《せんきょせん》を必死《ひっし》でがんばったので、あとは腹をくくって結果《けっか》を待《ま》つだけだ。

1%
腹《はら》をくくって結果《けっか》を待《ま》ちます。

腹《はら》を探《さぐ》る

意味《いみ》 相手《あいて》の本当《ほんとう》の考《かんが》えを、相手に気《き》づかれずに知《し》ろうとする。

参考《さんこう》 「探る」は、相手に知られないように調《しら》べる。

使《つか》い方《かた》 会議《かいぎ》はおたがいに**腹を探る**ばかりで、活発《かっぱつ》な意見《いけん》が出《で》なかった。

腹《はら》を割《わ》る

意味《いみ》 かくすことなく、本当《ほんとう》の気持《きも》ちを打《う》ち明《あ》ける。

参考《さんこう》 「割る」は、心《こころ》の中《なか》をさらけ出《だ》す。

使《つか》い方《かた》 町《まち》の中《なか》にできるマンションについて、住民《じゅうみん》の代表《だいひょう》と業者《ぎょうしゃ》の**腹を割った**話《はな》し合《あ》いがもたれた。

こしがある

意味《いみ》 うどん・そば・紙《かみ》・布地《ぬのじ》などに、弾《だん》力《りょく》・ねばり気《け》・歯《は》ごたえ・張《は》りなどがある。

参考《さんこう》 「こし」は、弾力・ねばり気・張り。「こしが強《つよ》い」ともいう。

使《つか》い方《かた》 こしがあってつやがあり、おいしいうどんを食《た》べた。

ここのウドン、こしがあるなぁ！

こしがぬける

意味《いみ》 おそれやおどろきのため、こしに力《ちから》が入《はい》らず、立《た》っていられなくなる。

参考《さんこう》 こしの関節《かんせつ》がはずれる意味《いみ》から。

使《つか》い方《かた》 町《まち》で、なくなった祖父《そふ》とそっくりの人《ひと》を見《み》かけて、こしがぬけるほどおどろいた。

ドロドロドロ
でた！
こしがぬけた～！
しっかり。
おばけやしき

こしが低《ひく》い

意《い》味《み》 人《ひと》に対《たい》して、態《たい》度《ど》がひかえめで、えらぶらないようす。

参《さん》考《こう》 こしを低くかがめるしせいから。「頭《あたま》が低い」ともいう。

使《つか》い方《かた》 父《ちち》は、職《しょく》場《ば》では地《ち》位《い》が高《たか》いのに、こしが低い人と言《い》われているそうだ。

おかえりなさい。おつかれさま。
アッ、教頭《きょうとう》。
教頭先生《せんせい》ってホントこしが低いなぁ。

こしを折《お》る

意《い》味《み》 話《はなし》などのとちゅうで口《くち》をはさみ、じゃまをする。ものごとの進《しん》行《こう》をとちゅうでさまたげる。

参《さん》考《こう》 「折る」は、中《ちゅう》断《だん》する。

使《つか》い方《かた》 楽《たの》しく話をしていると、いつも話のこしを折る人《ひと》がいる。

これおもしろいよ！
どこで買《か》ったの？

シブヤに行《い》ったときに……
シブヤってさぁ、人《ひと》が多《おお》いよね！
話《はなし》のこしを折らないで！

足《あし》がすくむ

意味《いみ》 おそれやきんちょうのため、からだがこわばって、足が進《すす》まなくなる。

参考《さんこう》 「すくむ」は、からだがこわばって、動《うご》かなくなる。

使い方《つかかた》 わたしはへびを見《み》ると、足がすくんで動けなくなる。

へびはダメなの！足がすくんじゃう！
へびがこわいの?!

足《あし》が付《つ》く

意味《いみ》 しょうこの品《しな》や手《て》がかりから、犯人《はんにん》の身元《みもと》や足取《あしど》り、犯行《はんこう》がわかる。

使い方《つかかた》 犯人が現場《げんば》に残《のこ》した物《もの》から、足が付いたということだ。／足が付くような物を一《ひと》つも残さない犯人をたいほするのは大変《たいへん》だ。

足が付くようなものは何一《なにひと》つ残《のこ》していないようだ。
クン。
ひひっ

足《あし》が早《はや》い

意味《いみ》 ①食物《しょくもつ》などがくさりやすい。②商品《しょうひん》の売《う》れ行《ゆ》きがよい。

使《つか》い方《かた》 ①梅雨《つゆ》どきは、いつにもまして食品《しょくひん》の足が早いので、早目《はやめ》に食《た》べるようにしよう。②ためしに置《お》いてみた商品の足が早いので、急《いそ》いで追加注文《ついかちゅうもん》をした。

梅雨《つゆ》どきは足が早いから、食《た》べてしまいましょう。
わーい!!

足《あし》を洗《あら》う

意味《いみ》 よくない仕事《しごと》やなかまからはなれて、新《あたら》しい生活《せいかつ》を始《はじ》める。また、続《つづ》けてきた職業《しょくぎょう》をやめる。

参考《さんこう》 よごれた足を洗ってきれいにする意味《いみ》から。

使《つか》い方《かた》 足を洗って出《で》直《なお》すことにした。

足を洗って出直《でなお》します。
しっかりな!

足《あし》をうばわれる

意味《いみ》 事故《じこ》やストライキ、災害《さいがい》などで、電車《でんしゃ》やバスなどの交通機関《こうつうきかん》が止《と》まって、利用《りよう》できなくなる。

参考《さんこう》 「足」は、交通機関。飛行機《ひこうき》は、「空《そら》の足」ともいう。

使《つか》い方《かた》 事故で通学《つうがく》の足をうばわれた。

台風《たいふう》のえいきょうで電車《でんしゃ》が止《と》まり、
朝《あさ》の通勤客《つうきんきゃく》が足をうばわれました。
ゴホゴホ
ムリに行《い》かなくてよかった。

足《あし》をのばす

意味《いみ》 目的地《もくてきち》まで行《い》って、さらに続《つづ》けてその先《さき》まで行く。

参考《さんこう》 「足」は、移動《いどう》する道《みち》すじ。

使《つか》い方《かた》 母《はは》は、京都《きょうと》へ行ったついでに、大阪《おおさか》まで足をのばして、昔《むかし》の友《とも》だちに会《あ》ってきたそうだ。

ただいま〜。
京都《きょうと》、楽《たの》しかった?
ちょっと足をのばして大阪《おおさか》まで行《い》ったの。
アシ??
まあ!

ひざをくずす

意味《いみ》 正座《せいざ》の足《あし》をずらして、楽《らく》なしせいに変《か》える。また、楽な態度《たいど》を取《と》る。

参考《さんこう》 すわったしせいがくずれることから。

使い方《つかいかた》 先生《せんせい》の大切《たいせつ》なお話《はなし》を、ひざをくずさず、きんちょうしてうかがった。

おひざをくずしてください。
はい//
ビリビリビリ
足がしびれている。

ひざを進《すす》める

意味《いみ》 きょうみや関心《かんしん》があることに、積極的《せっきょくてき》にかかわろうとする。話題《わだい》に乗《の》り気《き》になる。

参考《さんこう》 すわったまま前《まえ》に進む意味《いみ》から。「ひざを乗り出《だ》す」ともいう。

使い方《つかいかた》 大好《だいす》きな野球《やきゅう》の話《はなし》に、思《おも》わずひざを進める。

うんうん！今年《ことし》のイチタローは……。
野球《やきゅう》の話《はなし》だとひざを進めてくるのね。

ひざを正《ただ》す

意《い》味《み》 あらたまってきちんとすわる。正座《せいざ》する。また、あらたまった態度《たいど》をとる。

参《さん》考《こう》 「ひざ」は、すわったしせい。

使《つか》い方《かた》 初《はじ》めてのおたくなので、ひざを正してあいさつした。／ひざを正してあやまる。

昨日《きのう》はゴメン。
あやまるときは、
ひざを正すのよ!
昨日はごめんなさい。
はい。

ひざをつき合《あ》わせる

意《い》味《み》 じっくり話《はなし》をするために、ひざがふれ合うほど近《ちか》くに向《む》き合う。

参《さん》考《こう》 つつみかくさず、よく話《はな》し合うようすをいう。

使《つか》い方《かた》 きみとは一度《いちど》、ひざをつき合わせて話し合う必要《ひつよう》がある。

きみと一度《いちど》ひざをつき合わせて話《はなし》をしたいと思《おも》っていたんだ!
ぼくもだよ。

血《ち》がさわぐ

意《い》味《み》 好《す》きなことを考《かんが》えてこうふんし、落《お》ち着《つ》いていられない。気《き》持《も》ちが高《たか》ぶる。

参《さん》考《こう》 「血」は、気持ちや行動《こうどう》のもとになるもの。

使《つか》い方《かた》 父《ちち》は、祭《まつ》りばやしを聞《き》くと血がさわぐようだ。

血《ち》が上《のぼ》る

意《い》味《み》 いかりなどでこうふんして、正《ただ》しい判《はん》断《だん》ができなくなる。逆《ぎゃく》上《じょう》する。

参《さん》考《こう》 「頭《あたま》に血が上る」ともいう。

使《つか》い方《かた》 サッカーの試《し》合《あい》で、血が上った観客《かんきゃく》同士《どうし》がさわぎを起《お》こした。

血《ち》のにじむような

意味《いみ》 なみたいていでない苦労《くろう》や努力《どりょく》をするようす。

参考《さんこう》 「にじむ」は、体《からだ》からしみ出《で》るようす。「血の出るような」ともいう。

使《つか》い方《かた》 血のにじむような練習《れんしゅう》を重《かさ》ねて、正《せい》選手《せんしゅ》になった。

血のにじむような努力《どりょく》をして、
ブルン
正選手《せいせんしゅ》になった友《とも》だち！
こんちわ
スゲェ

血《ち》もなみだもない

意味《いみ》 冷淡《れいたん》で、人間《にんげん》らしい思《おも》いやりがまったくないようす。

参考《さんこう》 「血」と「なみだ」は、人間らしい気《き》持《も》ちのたとえ。

使《つか》い方《かた》 役所《やくしょ》の血もなみだもない対応《たいおう》に、世《せ》間《けん》の批《ひ》判《はん》の声《こえ》が高《たか》まった。

ここではあつかいません。
あのー、ではどこに？
お年寄《としよ》りに血もなみだもない対応《たいおう》ね!!

身《み》に付《つ》く

意味《いみ》 習《なら》いおぼえようとした学問《がくもん》や技能《ぎのう》などが、自分《じぶん》にそなわる。また、習慣《しゅうかん》や環境《かんきょう》・立場《たちば》などになれる。

参考《さんこう》 「身に付ける」ともいう。

使い方《つかいかた》 英語《えいご》がなかなか**身に付か**ない。／生《せい》活《かつ》が**身に付い**てきた。

ペラペラ
センキュ
海外生活《かいがいせいかつ》10年《ねん》！
身に付いているわ。

身《み》を粉《こ》にする

意味《いみ》 苦労《くろう》もいやがらず、一生《いっしょう》けんめいに仕《し》事《ごと》をする。

参考《さんこう》 からだが粉々《こなごな》になるほど苦労する意味《いみ》から。

使い方《つかいかた》 わたしの祖母《そぼ》は、**身を粉にし**て働《はたら》き、三人《さんにん》の子《こ》どもを育《そだ》て上《あ》げた。

おばあちゃん、いいな～。毎日《まいにち》、楽《たの》しそうで。
若《わか》いときは身を粉にして働《はたら》いたのよ。

息《いき》が合《あ》う

意味《いみ》 両者《りょうしゃ》の気持《きも》ちや調子《ちょうし》が、ぴたりと合う。呼吸《こきゅう》が合う。

参考《さんこう》 「息」は両者の気持ちのかねあい。「呼吸が合う」ともいう。

使《つか》い方《かた》 歌手《かしゅ》と演奏《えんそう》する人《ひと》の**息が合っ**た、すばらしいコンサートだった。

息が合う二人《ふたり》は、
いちばん！
おなかがすくのも……
クゥ〜〜。
息がピッタリ。

息《いき》が長《なが》い

意味《いみ》 ①価値《かち》がある期《き》間《かん》や活動《かつどう》している期間が長い。②一《ひと》つの文《ぶん》の長さが長い。

参考《さんこう》 「息」は、命《いのち》や、活動の期間。

使《つか》い方《かた》 ①四〇才《さい》をすぎても活躍《かつやく》する、**息が長い**選手《せんしゅ》。②**息が長い**文章《ぶんしょう》を書《か》く作家《さっか》。

若《わか》い選手《せんしゅ》にひとことお願《ねが》いします。
息が長い選手だな〜。パパより年上《としうえ》だもん。
へぇ。

息《いき》をこらす

意味《いみ》 呼吸《こきゅう》を静《しず》かにして、あることに集中《しゅうちゅう》する。

参考《さんこう》 「こらす」は、集中させる意味《いみ》。「息を殺《ころ》す」ともいう。

使《つか》い方《かた》 大《おお》ぜいの観客《かんきゃく》は、息をこらして、空《くう》中《ちゅう》ブランコ乗《の》りの技《わざ》に見入《みい》った。

息をこらして何《なに》を見《み》てるのさ。
敵《てき》のようすをうかがっているんだ。
かん太《た》!! 歯医者《はいしゃ》に行《い》くのよ!

息《いき》をふき返《かえ》す

意味《いみ》 悪《わる》い状態《じょうたい》になっていたものが、ふたたびよくなってくる。よみがえる。

参考《さんこう》 死《し》んだようになっていた者《もの》が生《い》き返る意味《いみ》から。

使《つか》い方《かた》 新製品《しんせいひん》が売《う》れて、会社《かいしゃ》が息をふき返した。

あのおもちゃの大《だい》ヒットで、わが社《しゃ》は息をふき返したのです。
なるほど。

心《こころ》が痛《いた》む

意味《いみ》 心配《しんぱい》・同情《どうじょう》・後悔《こうかい》などで、心に痛みや苦《くる》しみを感《かん》じる。ひどく心配する。

使《つか》い方《かた》 戦争《せんそう》で命《いのち》を失《うしな》ったり、親《おや》をなくしたり、けがをしたりした多《おお》くの子《こ》どものすがたを見《み》ると、いつも心が痛む。

日本《にほん》の子《こ》どもを見《み》るにつけ、
紛争《ふんそう》地域《ちいき》の子どもたちに心が痛むわ。

心《こころ》が動《うご》く

意味《いみ》 あるきっかけで、気持《きも》ちや考《かんが》え方《かた》が変《か》わり、きょうみをもったり、やってみようという気《き》になったりする。

使《つか》い方《かた》 身長《しんちょう》が高《たか》いわたしに、入部《にゅうぶ》を熱心《ねっしん》にすすめてくれるバレー部長《ぶちょう》のことばに、かなり心が動いた。

あなたが必要《ひつよう》なの！バレー部《ぶ》に入部《にゅうぶ》して！
心が動いちゃうな。
背《せ》が高《たか》いからね。

心《こころ》が通《かよ》う

意味《いみ》 おたがいに気持《きも》ちが相手《あいて》に伝《つた》わり、わかり合《あ》う。

参考《さんこう》 「通う」は、通《つう》じ合う、通い合う。

使《つか》い方《かた》 かれはわたしと心が通う、大切《たいせつ》な友《とも》だちです。／かのじょと心が通わず、さびしい思《おも》いがした。

食《た》べる？
うん！ おれたち、心が通う友《とも》だちだな！
サンキュ

心《こころ》がはずむ

意味《いみ》 楽《たの》しさやうれしさ、明《あか》るい希望《きぼう》などで、気分《きぶん》がうきうきする。

参考《さんこう》 「はずむ」は、気《き》持《も》ちがうきうきと、活気《かっき》づく。

使《つか》い方《かた》 もう少《すこ》しでプレゼントをもらえるクリスマスだと思《おも》うと、心がはずむ。

12
クリスマスだぁ！ 心がはずむ！
うきうき
プレゼント、たのしみー!!

気《き》がある

意味《いみ》 ①そうしようとする、気持《きも》ちがある。②恋《こい》する気持ちがある。

参考《さんこう》 「気」は、関心《かんしん》の意味《いみ》。

使《つか》い方《かた》 ①選挙《せんきょ》に立候《りっこう》補《ほ》する気がある。②かのじょは君《きみ》に気があるらしいよ。

かのじょ、キミに気があるらしいぜ。
じーっ
知《し》ってるよ。

気《き》が多《おお》い

意味《いみ》 きょうみや関心《かんしん》が変《か》わりやすく、気持《きも》ちが定《さだ》まらない。うつり気《ぎ》である。

参考《さんこう》 「気」は気持ちの意味《いみ》。

使《つか》い方《かた》 父《ちち》は気が多い性格《せいかく》で、しゅみは多いが、何一《なにひと》つものにならない。

あれこれ気が多いってところは、
パパと同《おな》じかな。
よ
こんどはゴルフか

気《き》にさわる

意味《いみ》 相手《あいて》のことばなどが、ふゆかいに感《かん》じる。腹立《はらだ》たしく思《おも》う。

参考《さんこう》 「さわる」は、からだや心《こころ》の害《がい》になる。

使《つか》い方《かた》 あの人《ひと》の言《い》うこともすることも、気にさわる。／いつも気にさわることばかり言うやつだ。

まいどいのこり
おつかれ
ちゃん！
おさき！
気にさわる
ことばっか
言《い》いやがる……。

気《き》に病《や》む

意味《いみ》 ものごとを悪《わる》いほうに考《かんが》えたりして、思《おも》いなやむ。ひどく心《しん》配《ぱい》する。

参考《さんこう》 「病む」は、心《こころ》をなやます。

使《つか》い方《かた》 小《ちい》さいことを気に病む、神経質《しんけいしつ》な性格《せいかく》。／気に病むほどのことではないよ。

えっ?
昨日《きのう》、教室《きょうしつ》でオナラしたのはボクなんだ。

気に病むな！
ボクなんか、しょっちゅうだ！
エーッ?!

気《き》を落《お》とす

意味 ものごとが思《おも》いどおりにいかず、がっかりする。気力《きりょく》をなくす。落《らく》たんする。

参考 「落とす」は、からだにそなわったものをなくす。

使い方 このていどの失敗《しっぱい》で気を落とすことはない。

こんども六年生《ろくねんせい》に勝《か》てなかった。
そう、気を落とすなって！

気《き》を利《き》かせる

意味 相手《あいて》の気持《きも》ちやまわりのようすに合《あ》わせて、それにふさわしいような心《こころ》づかいをする。

参考 「気を利かす」ともいう。

使い方 二人《ふたり》だけで話《はな》したいようすだったので、気を利かせて、席《せき》をはずした。

じゃ、ぼくは気を利かせるよ！二人《ふたり》で話《はな》したいでしょ？
マチナサイ
かん太《た》の話《はなし》なのよ!!

気《き》を配《くば》る

意《い》味《み》 いろいろなことに、細《こま》かく注意《ちゅうい》を向《む》ける。ふつごうなことがないように、気を付《つ》ける。

使《つか》い方《かた》 会場《かいじょう》の担当者《たんとうしゃ》が、パーティーの客《きゃく》に気を配っている。

参《さん》考《こう》 「配る」は、注意などを行《い》きわたらせる。

6年生を送る会
こっちの席《せき》は六年生《ろくねんせい》だから、気を配ってね。
わかった。

気《き》を許《ゆる》す

意《い》味《み》 相手《あいて》を信用《しんよう》して、けいかいの心《こころ》やきんちょう感《かん》をなくす。油断《ゆだん》する。

参《さん》考《こう》 「許す」は、けいかいやきんちょうの心をゆるめる。

使《つか》い方《かた》 わたしには、気を許せる友《とも》だちがたくさんいる。

気を許せる友《とも》だちがいっぱいいて、楽《たの》しいな。
うん！

力《ちから》がわく

意味《いみ》 気力《きりょく》や体力《たいりょく》が、からだの中《なか》からわき出《で》てくる。

参考《さんこう》 「力」は、人《ひと》の中にあって、活動《かつどう》をささえる体力や気力。「わく」は、中から出てくる。

使い方《つかいかた》 友《とも》だちにはげまされて、がんばろうという力がわいてきた。

がんばれ
かん太くん
応援《おうえん》されると、力がわくなー！

力《ちから》になる

意味《いみ》 何《なに》かをする人《ひと》をささえ、助《たす》ける。たよりになる。

参考《さんこう》 「力を貸《か》す」「手《て》を貸す」ともいう。

使い方《つかいかた》 父《ちち》は、会社《かいしゃ》をおこす友人《ゆうじん》の力になりたいといって、勤《つと》めをやめた。／かのじょには力になってもらった。

よう子《こ》ちゃんには力になってもらった。
この漢字《かんじ》はこうして覚《おぼ》えるの。
ナルホド
機

こんどはオレが花《か》だん作《づく》りの力になるぜ！
ありがと！

力《ちから》を落《お》とす

意《い》味《み》 失望《しつぼう》したり、不《ふ》幸《こう》なことがあったりして、気力《きりょく》をなくす。落《らく》たんする。

参《さん》考《こう》 「力」は、気力。「落とす」は、なくす。

使《つか》い方《かた》 おばさんは、おじさんが急《きゅう》になくなったので、力を落としている。

おばさん、力を落としているにちがいないわ。

力《ちから》を貸《か》す

意《い》味《み》 こまったり、苦《くる》しんだりしている人《ひと》の手助《てだす》けをする。援助《えんじょ》する。

参《さん》考《こう》 「力」は、助力《じょりょく》。「力になる」とも。

使《つか》い方《かた》 こまったり苦しんだりしている人に力を貸すのは、人間《にんげん》として当然《とうぜん》のことだ。

オレが力を貸すぞ！
助《たす》かるよ！

声《こえ》がはずむ

意《い》味《み》 うれしさや喜《よろこ》びのため、声の調子《ちょうし》に活《かっ》気《き》が出《で》る。

参《さん》考《こう》 「はずむ」は、うきうきと活気づく。

使《つか》い方《かた》 「合格《ごうかく》した！」と、携帯《けいたい》の向《む》こうのお兄《にい》さんの声がはずんだ。／旅行《りょこう》の話《はなし》になると、お姉《ねえ》さんの声がはずむ。

かのじょたち、声がはずんでるね。
ツアーなの！
サイコー！
旅行《りょこう》の話《はなし》だってさ。

声《こえ》をかける

意《い》味《み》 話《はな》しかける。あいさつをする。また、いっしょにしようとさそう。

使《つか》い方《かた》 わたしは学校《がっこう》へ行《い》くとちゅう、近所《きんじょ》のお年寄《としよ》りに声をかけることにしている。／泳《およ》ぎに行こうと、弟《おとうと》に声をかけた。

おはようございます！
いってらっしゃい！

毎朝《まいあさ》、元気《げんき》に声をかけてくれるわ〜。

声《こえ》を大《だい》にする

意味《いみ》 意見《いけん》などを強《つよ》く言《い》いはるようす。

参考《さんこう》 声を大《おお》きくして言うことから。

使《つか》い方《かた》 そのことについては、声を大にして言いたい。／環境問題《かんきょうもんだい》については、声を大にして言い続《つづ》けなければならない。

声を大にして言《い》いたい！
休《やす》み時間《じかん》をへらすな！
さんせい！
いつも大《おお》きい声だけど。

声《こえ》をのむ

意味《いみ》 おどろきやきんちょう、大《おお》きな感動《かんどう》などのために、声が出《で》なくなる。

使《つか》い方《かた》 あまりのすばらしいながめに、みんな声をのんだ。／たつまきで屋根《やね》を飛《と》ばされ、一変《いっぺん》した家《いえ》のようすに、声をのんだ。

あの景色《けしき》には、みんな声をのんだわよ。
へえ―！

犬《いぬ》の遠《とお》ぼえ

意味《いみ》 おくびょうな人《ひと》や実力《じつりょく》のない人が、かげでいばったり、人を批判《ひはん》したりすることのたとえ。

参考《さんこう》 弱《よわ》い犬は、安全《あんぜん》な遠い所《ところ》でほえるから。

使《つか》い方《かた》 家《いえ》の中《なか》で政治《せいじ》の批判をしても、犬の遠ぼえにすぎない。

政府《せいふ》では、
消費税《しょうひぜい》のアップなんてさせないぞ!
いくら言《い》っても犬の遠ぼえね。

牛《うし》の歩《あゆ》み

意味《いみ》 ものごとの進《すす》み方《かた》が、ひじょうにゆっくりしていることや、なかなかはかどらないことのたとえ。

参考《さんこう》 牛の歩《ある》き方がゆっくりしているから。

使《つか》い方《かた》 この工事《こうじ》の進み方は、まるで牛の歩みだ。

パズルにちょうせん!!
10日後《かご》
パパ、牛の歩みですよ。

うなぎのねどこ

意味《いみ》 間口《まぐち》がせまくて奥《おく》行《ゆ》きの深《ふか》い、細長《ほそなが》い家《いえ》や場所《ばしょ》のたとえ。

参考《さんこう》 うなぎは細長く、せまい穴《あな》などにかくれていることから。「ねどこ」は、ねるふとんをしいた所《ところ》。

使《つか》い方《かた》 あの家はうなぎのねどこだ。

あのビルはうなぎのねどこだね。

うなぎ登《のぼ》(上《のぼ》)り

意味《いみ》 温度《おんど》・物《もの》のねだん・人気《にんき》・地位《ちい》などが、休《やす》みなくどんどん上《あ》がっていくたとえ。

参考《さんこう》 うなぎが水中《すいちゅう》を上るようすから。

使《つか》い方《かた》 夏《なつ》をむかえて、寒暖計《かんだんけい》もうなぎ登りだ。／新人《しんじん》タレントの人気が、うなぎ登りだ。

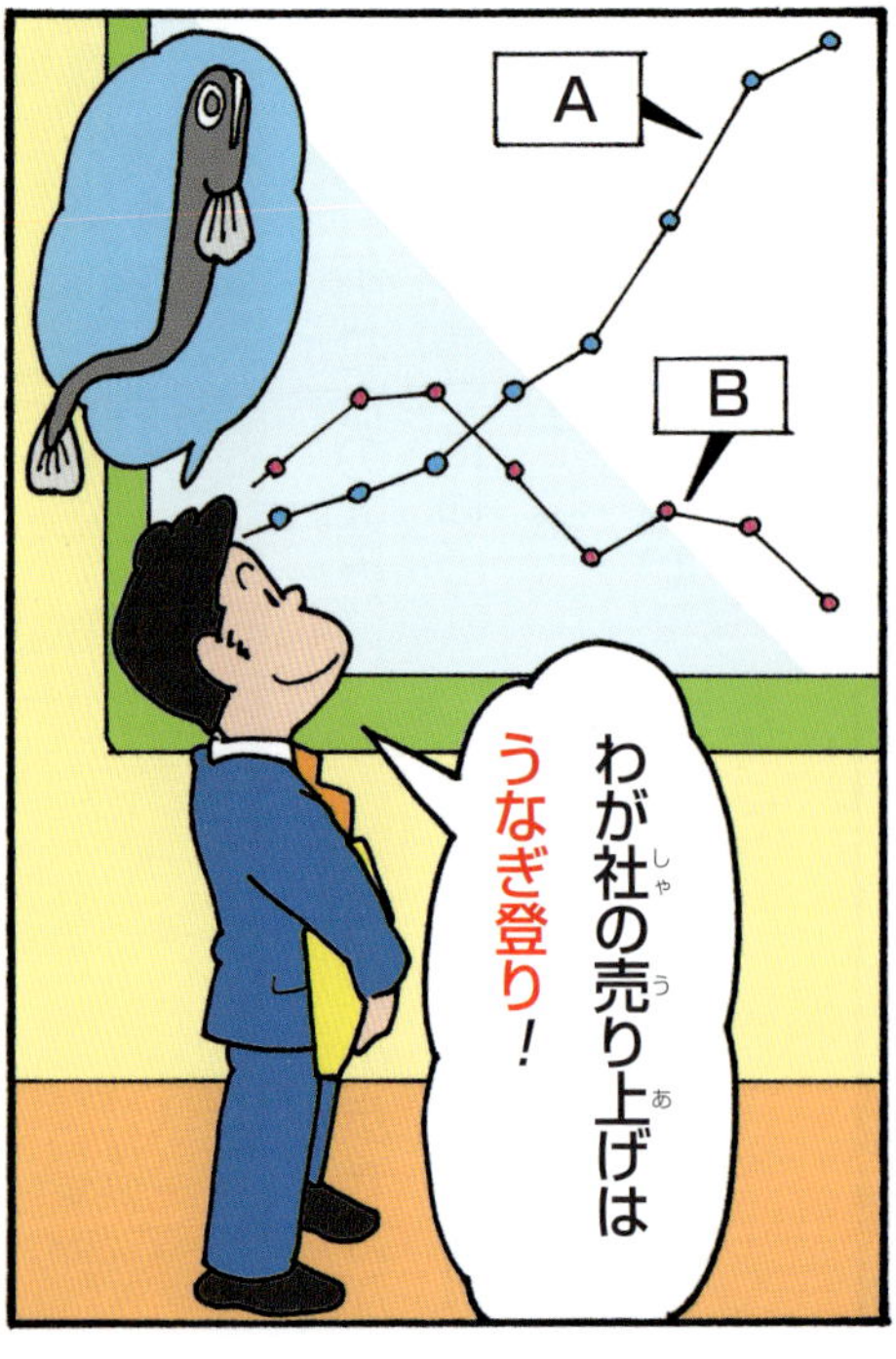
A
B
わが社《しゃ》の売《う》り上《あ》げはうなぎ登り！

うのみにする

意味《いみ》 ものごとの内容《ないよう》をよく考《かんが》えないで、そのまま受《う》け入《い》れる。

参考《さんこう》 鳥《とり》のう（鵜）が、魚《さかな》をそのまま飲《の》みこむようすから。

使《つか》い方《かた》 人《ひと》の意見《いけん》をうのみにするのは、よくない。／人の話《はなし》をうのみにして、だまされた。

あした、地球《ちきゅう》がバクハツするって!!
マジ？
ウソだよ！うのみにするな。
よかったー

馬《うま》の骨《ほね》

意味《いみ》 生《う》まれ育《そだ》ちのわからない人《ひと》を、ののしっていうことば。

参考《さんこう》 「どこの馬の骨」ともいう。

使《つか》い方《かた》 「どこの馬の骨だ」なんて言《い》われれば、ふだんは温厚《おんこう》なおじさんだっておこるに決《き》まっているさ。

「どこの馬の骨だ」って言《い》われた。
おじさんおこってる。
放浪生活《ほうろうせいかつ》長《なが》かったからね。

おうむ返《がえ》し

意味《いみ》 相手《あいて》の言《い》ったことばを、そのまま、あるいは、何《なに》も考《かんが》えずにそのまま言い返《かえ》すこと。

参考《さんこう》 おうむがことばをまねることから。

使《つか》い方《かた》 子《こ》どもは大人《おとな》のことばをおうむ返しにしゃべりながら、ことばを覚《おぼ》える。

末《すえ》はノーベル賞学者《しょうがくしゃ》かな。
ノーベルしょうがくしゃかな。

同《おな》じ穴《あな》のむじな

意味《いみ》 ちょっと見《み》ると別《べつ》のもののようだが、実《じつ》は同《おな》じ悪《わる》いなかまであること。

参考《さんこう》 「むじな」は、あなぐま。別の動物《どうぶつ》でなく、同じ穴のなかまだということ。

使《つか》い方《かた》 あの二人《ふたり》は同じ穴のむじなだ。

おまえもサボりか？同じ穴のむじなだな。
今日《きょう》は日曜《にちよう》！

からすの行水《ぎょうずい》

意味《いみ》 ふろに入《はい》っても、よく洗《あら》ったりせずすぐに出《で》てしまい、ふろに入っている時間《じかん》が、ひじょうに短《みじか》いこと。

参考《さんこう》 からすが水浴《みずあ》びをするようすから。

使《つか》い方《かた》 おふろはゆっくり入りなさい。からすの行水はだめよ。

からすの行水じゃダメよー。
ゆっくり入《はい》ったさ。
ほんとうは5分で出《で》た。

借《か》りてきたねこのよう

意味《いみ》 ふだんの活発《かっぱつ》さとはちがい、おとなしくしているようす。

参考《さんこう》 ねずみを取《と》るために借《か》りてきたねこが、なれない家《いえ》でおとなしくしていることから。

使《つか》い方《かた》 おてんばな妹《いもうと》も、よその家では、借りてきたねこのようだ。

借りてきたねこのようね……。

きつねにつままれる

意味《いみ》 思《おも》いがけないことが起《お》こって、わけがわからず、ぼんやりとする。

参考《さんこう》 「つままれる」は、化《ば》かされる。

使い方《つかいかた》 名前《なまえ》をよばれたのに、だれもいない。きつねにつままれたような気分《きぶん》だ。

ピンポン
ピンポン♪
あ！
ママ、きつねにつままれたような顔《かお》だ。

つるの一声《ひとこえ》

意味《いみ》 いろいろある意見《いけん》をおさえつけてしたがわせてしまう、権力《けんりょく》のある人《ひと》のひとこと。

参考《さんこう》 つるは鳴《な》き声《ごえ》がかん高《だか》く、あたりにひびきわたることから。

使い方《つかいかた》 社長《しゃちょう》のつるの一声で、新製品《しんせいひん》の名前《なまえ》が決《き》まった。

ゲキ安《やす》ランチに決定《けってい》！5つね！
エ～？
ぼくも？
つるの一声ね。

とらの子《こ》

意《い》味《み》 大切《たいせつ》にして手放《てばな》さない、お金《かね》や品物《しなもの》など。また、とっておきのもの。

参《さん》考《こう》 とらが自分《じぶん》の子《こ》をとても大事《だいじ》にするということから。

使《つか》い方《かた》 とらの子のお金で、参考書《さんこうしょ》を買《か》う。／とらの子の一点《いってん》を守《まも》る。

さんこうしょ
よくわかる！
こういうときに、とらの子を使《つか》おう！
しんはっばい
リッチメロンパン
本
ゆうわくに負《ま》けそうだ。

ねこの手《て》も借《か》りたい

意《い》味《み》 役立《やくだ》たない人《ひと》の手助《てだす》けもほしいぐらい、ひじょうにいそがしいようす。

参《さん》考《こう》 いそがしすぎて、役立たないねこの手も借りたいという意味《いみ》。

使《つか》い方《かた》 ねこの手も借りたいぐらいのいそがしさだ。

あ〜
ねこの手も
借りたい!!

ねこの額《ひたい》

意味《いみ》　庭《にわ》や敷地《しきち》などの、土地《とち》・場所《ばしょ》がせまいことのたとえ。

参考《さんこう》　ねこの額が小《ちい》さいことから。

使い方《つかいかた》　ねこの額ほどの小さな庭がついた家《いえ》が、売《う》り出《だ》された。／ねこの額ほどの空《あ》き地《ち》がたくさんある。

ねこの額ほどだけど、土地《とち》を買《か》ったよ。
私有地

はきだめにつる

意味《いみ》　きたない所《ところ》やふつうの人《ひと》がいる所に、ふつりあいな美人《びじん》やすぐれた人がいることのたとえ。

参考《さんこう》　「はきだめ」はごみ捨《す》て場《ば》。そこに美《うつく》しいつるがいる意味《いみ》。

使い方《つかいかた》　うちの組《くみ》の健《けん》君《くん》は、はきだめにつるだ。

ナニ～！
よこみち君《くん》よ！
はきだめにつるね！

はとが豆鉄《まめでっ》ぽうを食《く》ったよう

意味《いみ》 とつぜん起《お》こったことにおどろき、目《め》を見開《みひら》いているようす。

参考《さんこう》 「豆鉄ぽう」は、豆を玉《たま》にした、おもちゃの鉄《てっ》ぽう。はとが豆鉄ぽうでうたれ、おどろくようすから。

使《つか》い方《かた》 はとが豆鉄ぽうを食ったような顔。

はっ？
今日《きょう》ってテストなの？
勉強《べんきょう》してないよ……。

ふくろのねずみ

意味《いみ》 追《お》いつめられて、にげることのできない状態《じょうたい》にあることのたとえ。

参考《さんこう》 ふくろに入《はい》ったねずみの意味《いみ》。

使《つか》い方《かた》 犯人《はんにん》たちは、まわりを警官《けいかん》に取《と》り囲《かこ》まれて、もうふくろのねずみだ。

ふくろのねずみだ！
もうダメだ。

ありのはい出《で》るすき間《ま》もない

意味《いみ》 けいかいがきびしく、にげたり、出入《ではい》りしたりするわずかのすき間もないようす。

参考《さんこう》 小《ちい》さなありが通《とお》る所《ところ》もない意味《いみ》。「〜すきもない」ともいう。

使《つか》い方《かた》 敵《てき》に囲《かこ》まれ、ありのはい出るすき間もない。

遊《あそ》びに行《い》きたいけど
ありのはい出るすき間もない。

おけらになる

意味《いみ》 かけ事《ごと》に負《ま》けたり、いろいろ使《つか》ったりして、持《も》っているお金《かね》が、全部《ぜんぶ》なくなる。

参考《さんこう》 虫《むし》のけらが、前《まえ》足《あし》を広《ひろ》げたかっこうが、万歳《ばんざい》（こうさん）のすがたににているから。

使《つか》い方《かた》 ゲームをやりすぎて、おけらになる。

10000
新《あたら》しいゲームを買《か》ったらおけらになった〜。
おけら

かの鳴《な》くよう

意味《いみ》 声《こえ》が弱々《よわよわ》しく、かすかであるようす。

参考《さんこう》 虫《むし》の「か」の羽《は》音《おと》のように、かすかであるようす。

使い方《つかいかた》 山《やま》で道《みち》にまよい、つかれ切《き》ったかのじょは、助《たす》けに来《き》た人《ひと》に、かの鳴くような声でお礼《れい》を言《い》った。

あの……、協力《きょうりょく》したいです。
かの鳴くような声《こえ》だけど、
ありがとう！

くもの子《こ》を散《ち》らす

意味《いみ》 多《おお》くの者《もの》が、いっせいに、散りぢりににげたり、走《はし》り去《さ》ったりするようす。

参考《さんこう》 親《おや》ぐものもつふくろをやぶると、子《こ》どもが四方《しほう》ににげるから。

使い方《つかいかた》 おこられて、子どもたちはくもの子を散らすようににげた。

この花火《はなび》、しけってる？
シューッ
ワーッ!!
くもの子を散らすようだ！

虫《むし》がいい

意味《いみ》 自分《じぶん》につごうのいいことばかり考《かんが》えて、自分勝手《かって》であるようす。

参考《さんこう》 「虫」は、からだの中《なか》の感情《かんじょう》などのもとと考えられたもの。「虫がよい」ともいう。

使い方《つかいかた》 こまると人《ひと》に仕事《しごと》をおしつけて、虫がいいやつだ。

あの、ぼく急用《きゅうよう》があるから。
人《ひと》におしつけるの？虫がいいな。

虫《むし》の居所《いどころ》が悪《わる》い

意味《いみ》 ふだんとちがってきげんが悪《わる》く、おこりっぽいようす。

参考《さんこう》 「虫」は、からだの中《なか》の感情《かんじょう》のもとと考《かんが》えられたもの。虫のいる場所《ばしょ》が悪い意味《いみ》から。

使い方《つかいかた》 今日《きょう》の父《ちち》は虫の居所が悪いので、近《ちか》づかないほうがいい。

今《いま》は虫の居所が悪いみたいだ……。こまったな～。

雨後《うご》の竹《たけ》の子《こ》

意味《いみ》 同《おな》じようなものや事《こと》がらが、次《つぎ》から次へと続《つづ》いて現《あらわ》れたり起《お》こったりすること。

参考《さんこう》 雨《あめ》のあとに、竹の子が次々に生《は》えることから。

使《つか》い方《かた》 小《ちい》さい政党《せいとう》が、雨後の竹の子のようにできた。

解散《かいさん》！
総選挙《そうせんきょ》だ！
せんきょ
こんなにたくさん政党《せいとう》ができたのか！
雨後の竹の子のようだ。

うり二《ふた》つ

意味《いみ》 二人《ふたり》の顔《かお》つきやすがたが、ひじょうによくにていること。

参考《さんこう》 白《しろ》うりをたてに二つに切《き》ると、左右《さゆう》の形《かたち》が同《おな》じところから。

使《つか》い方《かた》 すっかりきれいになったわね。若《わか》いころのお母《かあ》さんとうり二つだわ。

うり二つ！
こまった。
姉《あね》です。
妹《いもうと》です。

木《き》で鼻《はな》をくくる

意味《いみ》 人《ひと》に対《たい》して、冷《つめ》たく、ぶあいそうな態《たい》度《ど》をとる。

参考《さんこう》 「くくる」は、もともと「こくる」で、こする。木で鼻をこすり、鼻をかむ意味《いみ》から。

使い方《つかいかた》 かれの、木で鼻をくくるような態度《たいど》には腹《はら》が立《た》つ。

雨《あめ》ばっかりふるね。
ぼくのせいじゃないゾ。
木で鼻をくくるような言《い》い方《かた》。

木《き》に竹《たけ》を接《つ》ぐ

意味《いみ》 不《ふ》自《し》然《ぜん》で、つり合《あ》いがとれないことをする。また、すじ道《みち》が通《とお》らないことをする。

参考《さんこう》 種類《しゅるい》のちがう木と竹を接ぎ木する意味《いみ》から。

使い方《つかいかた》 洋風《ようふう》と和風《わふう》のまじった、木に竹を接ぐような建物《たてもの》。

芸術的《げいじゅつてき》な家《いえ》を建《た》てました！
木に竹を接いだようにしか見《み》えない。

草《くさ》の根《ね》を分《わ》けても

意味《いみ》 さがし物《もの》を、すみからすみまで、てってい的《てき》にさがすようす。あらゆる手段《しゅだん》を用《もち》いてさがすようす。

参考《さんこう》 「草の根」は、葉《は》のかげの草の根元《ねもと》。

使《つか》い方《かた》 裏切《うらぎ》り者《もの》を、草の根を分けてもさがす。

あのドロボーめ！草の根を分けてもさがし出《だ》すぞ！

花《はな》も実《み》もある

意味《いみ》 外見《がいけん》がりっぱで内容《ないよう》も充実《じゅうじつ》している。また、すじ道《みち》にかなっていて、人情《にんじょう》もそなわっている。

参考《さんこう》 「花」は外見、「実」は内容のたとえ。

使《つか》い方《かた》 祖父《そふ》は、花も実もあるすばらしい人生《じんせい》を送《おく》った。

ハンサムで本《ほん》をいっぱい書《か》いて、友人《ゆうじん》の多《おお》い父《ちち》でした。
花も実もある人生《じんせい》ね！

花《はな》を持《も》たせる

意味《いみ》 手《て》がらや勝《か》ちをゆずって、相手《あいて》を立《た》てる。相手が目立《めだ》ったり有利《ゆうり》になったりするように、取《と》りはからう。

参考《さんこう》 「花」は、勝ちやめいよのたとえ。

使《つか》い方《かた》 この勝負《しょうぶ》は、卒業間近《そつぎょうまぢか》の六年生《ろくねんせい》に花を持たせよう。

ボクの勝《か》ち～!!
今日《きょう》のところは花を持たせるよ。

一花《ひとはな》さかせる

意味《いみ》 ほんのひと時《とき》、人々《ひとびと》の注目《ちゅうもく》を集《あつ》めるような、はなやかな活躍《かつやく》をする。

参考《さんこう》 「一花」は、ひと時の栄光《えいこう》。

使《つか》い方《かた》 何《なん》とかもう一花さかせてから、サッカー選手《せんしゅ》を引退《いんたい》したいものだ。

今度《こんど》の場所《ばしょ》でもう一花さかせたいなぁ。
花
花
花

実《み》を結《むす》ぶ

意《い》味《み》 努力《どりょく》したことが、よい結果《けっか》として現《あらわ》れる。

参《さん》考《こう》 植物《しょくぶつ》の実がなる意《い》味《み》から。

使《つか》い方《かた》 長年《ながねん》のねばり強《づよ》い交《こう》しょうが**実を結ん**で、このほど両国《りょうこく》の間《あいだ》に平《へい》和《わ》条約《じょうやく》が結ばれた。

新記録《しんきろく》ですね!
努力《どりょく》が実を結んでよかったです!

芽《め》をつむ

意《い》味《み》 これから成長《せいちょう》・発展《はってん》しようとするものを、小《ちい》さいうちに取《と》りのぞく。

参《さん》考《こう》 「つむ」は取りのぞく。草《くさ》や木《き》の芽を取り去《さ》って、生長《せいちょう》しないようにすることから。

使《つか》い方《かた》 早《はや》いうちに悪《あく》の**芽をつん**でしまおう。

ロボン つまみ食《ぐ》いのコツを教《おし》えてあげる。
コラ! なんでもお見通《みとお》しじゃ。早《はや》いうちに悪《わる》い芽をつむことが大切《たいせつ》じゃ。
わっ
ハカセ。

一刻《いっこく》を争《あらそ》う

意味《いみ》 ものごとがさしせまっていて、すぐ手《て》を打《う》たないと手おくれになる。

参考《さんこう》 「一刻」は、わずかな時間《じかん》。わずかな時間しかない意味《いみ》から。

使《つか》い方《かた》 救急車《きゅうきゅうしゃ》で運《はこ》ばれた患者《かんじゃ》は、一刻を争う容体《ようだい》だ。

重傷者《じゅうしょうしゃ》がここに！
助《たす》けるんだ！一刻を争うぞ！

一矢《いっし》を報《むく》いる

意味《いみ》 相手《あいて》の強《つよ》い攻撃《こうげき》や議論《ぎろん》に対《たい》して、わずかながらでも反撃《はんげき》・反論《はんろん》する。

参考《さんこう》 攻撃《げき》に対して、矢《や》を一本《いっぽん》射返《いかえ》す意味《いみ》から。

使《つか》い方《かた》 一〇対〇の九《きゅう》回《かい》に一点《いってん》を入《い》れ、一矢を報いた。

6 7 8 9 計
2 1 1 3 10
0 0 0 1
一矢を報いたぞ！

一石《いっせき》を投《とう》じる

意味《いみ》 問題《もんだい》を投《な》げかけて、反響《はんきょう》をまきおこす。

参考《さんこう》 水面《すいめん》に石《いし》を投げて、波紋《はもん》を起《お》こす意味《み》から。

使《つか》い方《かた》 地球温暖化対《ちきゅうおんだんかたい》策《さく》についての博士《はかせ》の提《てい》言《げん》は、現代社会《げんだいしゃかい》に一石を投じるものだった。

温暖化防止《おんだんかぼうし》のため、夏《なつ》は浴衣《ゆかた》で仕事《しごと》をしましょう。
環境問題《かんきょうもんだい》に一石を投じる発言《はつげん》だ。

一線《いっせん》を画《かく》す

意味《いみ》 自分《じぶん》と他人《たにん》の間《あいだ》などを、はっきり区別《くべつ》する。また、はっきり区別がつく。

参考《さんこう》 「一線」は、はっきりした区切《くぎ》り。

使《つか》い方《かた》 めんどうなことにまきこまれないため、かれとは一線を画している。

こっちのだち
うちのクラスのだ
よこみち君《くん》の友《とも》だち？
アイツとは一線を画しているんだ。

一《いち》も二《に》もなく

意味《いみ》 意見《いけん》や文句《もんく》をあれこれ言《い》わないで、すぐに賛成《さんせい》・承知《しょうち》などをするようす。

参考《さんこう》 「一も二も」は、一《ひと》つ、二《ふた》つの不平《ふへい》・不《ふ》満《まん》のこと。

使《つか》い方《かた》 親友《しんゆう》のたのみを、一も二もなく引《ひ》き受《う》ける。

サッカーしようゼ!
一も二もなく賛成《さんせい》!

二《に》足《そく》のわらじをはく

意味《いみ》 一人《ひとり》の人《ひと》が、まったく別《べつ》の二《ふた》つの職業《しょくぎょう》をもつ。

参考《さんこう》 江戸時代《えどじだい》、ばくち打《う》ちが、罪人《ざいにん》をとらえる仕事《しごと》をかねることを言《い》ったことから。

使《つか》い方《かた》 おじは、教師《きょうし》と能楽師《のうがくし》という、二足のわらじをはいている。

かん太《た》のおじさんは、昼《ひる》は歯医者《はいしゃ》、
口《くち》あけて。
夜《よる》はパソコンの教師《きょうし》と、二足のわらじをはいている。

二《に》の足《あし》をふむ

意味《いみ》 不安《ふあん》やおそれなどのため、決断《けつだん》することをためらう。

参考《さんこう》 「二の足」は二《に》歩目《ほめ》。一歩《いっぽ》ふみ出《だ》し、二歩目はためらって足ぶみする意味《いみ》から。

使《つか》い方《かた》 歯《は》が痛《いた》いのだが、歯医者《はいしゃ》がこわくて二の足をふんでいる。

これ、わたるの？
二の足をふむな～。
ボロッ

二《に》の舞《まい》を演《えん》じる

意味《いみ》 前《まえ》にあったり、自分《じぶん》がしたりした失敗《しっぱい》をくり返《かえ》す。

参考《さんこう》 「二の舞」は、舞楽《ぶがく》の「安摩《あま》」のあと、それをまねて演じるこっけいな舞のこと。

使《つか》い方《かた》 中間《ちゅうかん》テストの二の舞を演じないように、しっかり勉強《べんきょう》する。

先週《せんしゅう》は漢字《かんじ》のテストじゃなかったの？
え～！

二の舞を演じないようにしなきゃ。
メモメモ
来週《らいしゅう》は算数《さんすう》のテストよ。

三拍子《さんびょうし》そろう

意味《いみ》 あることに必要《ひつよう》な、三《みっ》つの条件《じょうけん》がすべてそろう。

参考《さんこう》 能楽《のうがく》のはやしなどで、たいこ・小《こ》つづみ・大《おお》つづみの三つの楽器《がっき》の拍子《ひょうし》が合《あ》う意味《いみ》。

使《つか》い方《かた》 安《やす》くて早《はや》くておいしいと三拍子そろった食堂《しょくどう》。

かっこいいし、頭《あたま》がよくて、女子《じょし》にやさしい！
よこみち君《くん》は三拍子そろってるね！

四《し》の五《ご》の言《い》う

意味《いみ》 あれこれとうるさく、文句《もんく》や理屈《りくつ》を言《い》う。

参考《さんこう》 「一《いち》も二《に》もなく」をまねて、言いやすい四《よん》と五を使《つか》って作《つく》ったことば。

使《つか》い方《かた》 四の五の言わずに、たのんだ仕事《しごと》をすぐやれ。

今《いま》、やろうとしてたんだよ～。
四の五の言わず、すぐやってよ！
はこんで

四《よ》つに組《く》む

意味《いみ》 両者《りょうしゃ》が正面《しょうめん》から堂々《どうどう》と立《た》ち向《む》かう。また、本気《ほんき》を出《だ》し、全力《ぜんりょく》をつくして取《と》り組《く》む。

参考《さんこう》 すもうで、たがいに両手《りょうて》で相手《あいて》の回《まわ》しをつかみ合《あ》う意味《いみ》から。

使《つか》い方《かた》 難問《なんもん》と四つに組んで考《かんが》えぬき、ついにとくことができた。

う〜む……。
ムズカシイけど
ぜったい
とくぞー！

これ
とけたの？
うん！
四つに組んだ
ことはヒミツ。

十指《じっし》に余《あま》る

意味《いみ》 数《かぞ》えてみると、一〇以上《いじょう》ある。一〇以上の、かなりの数《かず》になる。

参考《さんこう》 一〇本《ぼん》の指《ゆび》では数えきれないほどの数がある意味《いみ》。

使《つか》い方《かた》 今年一年間《ことしいちねんかん》の映画《えいが》の話題作《わだいさく》は、十指に余る。

この映画《えいが》、
見《み》てみたい。
一《ひと》つに決《き》め
なきゃ。
ロボッチ
ボクの見たい映画と
合わせると、
十指に余るな〜。

百《ひゃく》も承知《しょうち》

意《い》味《み》 わざわざ言《い》われなくても、十分《じゅうぶん》わかっているようす。

参《さん》考《こう》 「百も承知、二《に》百《ひゃく》も合点《がってん》」ともいう。言われなくてもわかっているようす。

使《つか》い方《かた》 そんな注意《ちゅうい》は言われなくても、百も承知だ。

おや? ダイゴくん。ちこくじゃないか?
百も承知!!

うそ八百《はっぴゃく》

意《い》味《み》 たくさんのうそ。また、全部《ぜんぶ》がうそであること。

参《さん》考《こう》 「八百」は、数《かず》が多《おお》いこと。また、意味《いみ》を強《つよ》めることば。

使《つか》い方《かた》 うそ八百をならべて、その場《ば》をごまかす。／君《きみ》の言《い》うことは、うそ八百だろう。

この学校《がっこう》の地下《ちか》に、宇宙人《うちゅうじん》の秘密《ひみつ》基地《きち》があるんだぜ!
ホント?
うそ八百。

エンジンがかかる

意味《いみ》 調子《ちょうし》が出《で》てきて、仕事《しごと》などがはかどるようになる。

参考《さんこう》 車《くるま》などのエンジンが動《うご》き始《はじ》める意味《いみ》から。

使い方《つかいかた》 ぼくは、何事《なにごと》にもエンジンがかかるのがおそいと言《い》われている。

よーし! エンジンがかかってきたぞ!

トップをきる

意味《いみ》 ほかより先《さき》にものごとをする。ものごとを真《ま》っ先《さき》に始《はじ》める。

参考《さんこう》 競争《きょうそう》で、先頭《せんとう》を走《はし》る意味《いみ》から。「先頭をきる」ともいう。

使い方《つかいかた》 ぼくたちの町《まち》では、全国《ぜんこく》のトップをきってごみの分別収集《ぶんべつしゅうしゅう》を始めた。

分別収集《ぶんべつしゅうしゅう》はわたしたちの町《まち》が全国《ぜんこく》のトップをきって始《はじ》めたの。
まぁ、進《すす》んでる!
キャップ
アルミ
スチール
段《だん》ボール
とくしゅ紙《し》
ふつう紙

バスに乗《の》りおくれる

意《い》味《み》 世《よ》の中《なか》の動《うご》きから取《と》り残《のこ》される。また、チャンスをのがす。

参《さん》考《こう》 英語《えいご》のmiss《ミス》 the bus《ザバス》（バスに乗りおくれる）から。

使《つか》い方《かた》 父《ちち》は**バスに乗りおくれ**ないようにと、パソコンの勉強《べんきょう》を始《はじ》めた。

ア、おじさん、ひさしぶりです。
わしにパソコンを教《おし》えてくれんか?

バスに乗りおくれちゃイカンのでな。
もう、買《か》ったんですか?!
パソコン

バトンをわたす

意《い》味《み》 仕事《しごと》などを、あとを引《ひ》きつぐ人《ひと》にゆずる。

参《さん》考《こう》 リレー競技《きょうぎ》で、次《つぎ》の走者《そうしゃ》にバトンをわたすことから。

使《つか》い方《かた》 パン屋《や》の祖父《そふ》は、まだまだ若《わか》い者《もの》に**バトンをわたす**のは早《はや》いと、がんばっている。

児童会《じどうかい》の仕事《しごと》よ。バトンをわたすね。
はい、
がんばります。

ピッチを上《あ》げる

意味《いみ》 作業《さぎょう》などの進《すす》み具合《ぐあい》を速《はや》くする。

参考《さんこう》 「ピッチ」は、ボートで、一定時間内《いっていじかんない》にオールをこぐ回数《かいすう》。

使《つか》い方《かた》 期限《きげん》に間《ま》に合《あ》わせるために、工事《こうじ》のピッチを上げる。／試《し》験《けん》がせまってきたので、勉強《べんきょう》のピッチを上げる。

もっとピッチを上げないと、宿題《しゅくだい》終《お》わらないよ！
ヒャ〜〜!!
8月

ピリオドを打《う》つ

意味《いみ》 長《なが》く続《つづ》いてきたものごとに決着《けっちゃく》をつけ、終《お》わりにする。

参考《さんこう》 英文《えいぶん》などで、文の終わりにピリオド（終《しゅう》止符《しふ》）をつけることから。「終止符を打つ」ともいう。

使《つか》い方《かた》 引退《いんたい》して、選手《せんしゅ》生活《せいかつ》にピリオドを打つ。

仲直《なかなお》りしよう!!
ああ！戦争《せんそう》にピリオドを打とう！

ピントが外《はず》れる

意《い》味《み》 言《い》うことばや意《い》見《けん》が、要点《ようてん》からずれていたり、間《ま》がぬけていたりする。

参《さん》考《こう》 レンズの焦点《しょうてん》がずれ、像《ぞう》がぼける意味《いみ》から。

使《つか》い方《かた》 ピントが外れた質問《しつもん》をして、みんなに笑《わら》われてしまった。

この曲《きょく》は、6/8拍子《びょうし》です。
約分《やくぶん》すると3/4！
ピントが外れてるよ。
アハハハ
音楽《おんがく》なのに。

メスを入《い》れる

意《い》味《み》 問題《もんだい》をてってい的《てき》に解決《かいけつ》するために、根本的《こんぽんてき》な部分《ぶぶん》まで、思《おも》い切《き》って深《ふか》く調《しら》べる。

参《さん》考《こう》 医者《いしゃ》がメスで、病気《びょうき》やけがのある部分を切る意味《いみ》から。

使《つか》い方《かた》 役所《やくしょ》の税金《ぜいきん》の使《つか》い方《かた》について、市民《しみん》団体《だんたい》がメスを入れた。

脱税《だつぜい》をした企業《きぎょう》に、検察《けんさつ》がメスを入れます！

レールがしかれる

意味《いみ》 ものごとを順調《じゅんちょう》に進《すす》めるための準備《じゅんび》ができている。

参考《さんこう》 列車《れっしゃ》を順調に通《とお》すために、レールがしかれている意味《いみ》から。

使《つか》い方《かた》 親《おや》によってレールがしかれたような、きまった人生《じんせい》を歩《あゆ》むのはいやだ。

レールがしかれた人生《じんせい》を歩《あゆ》むなんてヤダよ!
おれ、歌《うた》の才能《さいのう》あるぜ!
宇宙飛行士《うちゅうひこうし》になるんじゃなかったの?

レッテルをはる

意味《いみ》 人《ひと》やものごとに対《たい》し、一方的《いっぽうてき》に悪《わる》い評価《ひょうか》を決《き》めつける。

参考《さんこう》 「レッテル」は、商品《しょうひん》にはる、商品名《めい》などを書《か》いた紙《かみ》。

使《つか》い方《かた》 一度《いちど》のエラーで、守備《しゅび》のへたなやつというレッテルをはられてしまった。

「守備《しゅび》がへた」とレッテルをはられるのはゴメンだ!
エラーするなよー
しっかりとれー

慣《かん》用《よう》句《く》たしかめクイズ

ここからは慣用句のクイズを出《だ》すよ！ 意味《いみ》や使《つか》い方《かた》を覚《おぼ》えているかな？

Q1

次《つぎ》の四人《よにん》のことばで、（　　）に当《あ》てはまる正《ただ》しいことばを、後《あと》の□の中《なか》から選《えら》んでみよう！

(1)夏休《なつやす》みの宿題《しゅくだい》がたくさんあって、ぼくの手《て》に（　　）よ。

(2)この机《つくえ》は重《おも》すぎて一人《ひとり》で運《はこ》ぶのは手に（　　）ない。

(3)苦労《くろう》してかん太《た》の原稿《げんこう》に手を（　　）よ。

(4)心配事《しんぱいごと》が多《おお》くて、仕事《しごと》が手に（　　）。

付《つ》かない・よごした・打《う》つ・負《お》え・ぬいた・加《くわ》えた・余《あま》る

Q2

次《つぎ》の慣用句《かんようく》が、下《した》に書《か》かれた説明《せつめい》に合《あ》うように、◯に当《あ》てはまる正《ただ》しいことばを書いて慣用句を完成《かんせい》させよう！

(1) ◯が立《た》つ＝体面《たいめん》や立場《たちば》がまもられる。

(2) ◯が立つ＝反感《はんかん》をまねき、人間関係《にんげんかんけい》が円満《えんまん》にいかなくなる。

(3) ◯が立つ＝いかりを感《かん》じる。

(4) ◯に付《つ》く＝目立《めだ》って見《み》える。

(5) ◯に付く＝同《おな》じことのくり返《かえ》しであきあきしていやになる。

(6) ◯につく＝

①もの音《おと》や声《こえ》が気《き》になる。

②聞《き》いた声や音がいつまでもわすれられなくなる。

③何度《なんど》も聞いてあきあきする。

Q3

次《つぎ》の（1）〜（4）のそれぞれの□にことばを入《い》れて、下《した》の意《い》味《み》の慣《かん》用《よう》句《く》を完《かん》成《せい》させよう！

（1）

頭《あたま》を

腹《はら》を

□□□□

こまって考《かんが》えこんだりなやんだりする。

おかしくて大《おお》笑《わら》いする。

（2）

口《くち》を

顔《かお》を

□□

意《い》見《けん》をはさむ。

①表《おもて》に現《あらわ》れる。
②出《しゅっ》席《せき》する。

（3）

胸《むね》を

手《て》を

□□

強《つよ》く感《かん》動《どう》する。

①話《はなし》をまとめる。
②準《じゅん》備《び》をしておく。

（4）

息《いき》が

口《くち》に

□□

気《き》持《も》ちがひとつになる。

好《この》みの味《あじ》である。

Q4

①～⑧と、（あ）～（く）の慣用句《かんようく》を結《むす》びつけて、一《ひと》つの文《ぶん》を完成《かんせい》させよう！

① 何回《なんかい》やってもうまくいかず、

② 一日中《いちにちじゅう》歩《ある》き回《まわ》って

③ テレビを見《み》ながら宿題《しゅくだい》をすると

④ 久《ひさ》しぶりに会《あ》った友《とも》だちと

⑤ あのおもちゃは高価《こうか》すぎて

⑥ すばらしい作品《さくひん》をたくさん見《み》ると

⑦ 小《ちい》さな音《おと》も聞《き》きもらさないよう、

⑧ なぞなぞをとこうと

（あ）手《て》が出《で》ない

（い）気《き》が散《ち》る

（う）耳《みみ》をすます

（え）頭《あたま》をひねる

（お）さじを投《な》げる

（か）目《め》が肥《こ》える

（き）足《あし》が棒《ぼう》になる

（く）話《はなし》に花《はな》がさく

Q5

次《つぎ》の▲、■、●、◎、◆、★には、それぞれ漢字《かんじ》の数字《すうじ》が一字《いちじ》入《はい》るよ。正《ただ》しい数字《すうじ》を入《い》れて、慣用句《かんようく》を完成《かんせい》させてね！

◎つに組《く》む

▲矢《し》を報《むく》いる

▲も■もなく

■足《そく》のわらじをはく

★も承知《しょうち》

▲線《せん》を画《かく》す

◎の◆の言《い》う

■の足《あし》をふむ

▲刻《こく》を争《あらそ》う

うそ八《はっ》★

●拍子《びょうし》そろう

■の舞《まい》を演《えん》じる

▲石《せき》を投《とう》じる

※二五〇～二五四ページのたしかめクイズの答《こた》えは、後《うし》ろ見返《みかえ》し（裏表紙《うらびょうし》の裏《うら》）にのってるよ！

ロボンや！
慣用句《かんようく》を楽《たの》しく
覚《おぼ》えたかい？
わっ！
うん！
慣用句って最高《さいこう》に
おもしろいね!!
そうさ！
生活《せいかつ》や勉強《べんきょう》に役立《やくだ》つ
ことばが、たくさん
あるんだ！
だから、みんなも
慣用句をたくさん
覚えてね！
THE END《ジエンド》
完《かん》

この本をつくった人

●監修
金田一秀穂

●装丁
長谷川由美

●表紙・カバーイラスト・扉4コマまんが
いぢちひろゆき

●レイアウト・デザイン
㈱イーメディア
徳本育民

●まんが制作
㈱イーメディア
早坂のり子
（協力：山口みすず）

●編集制作
㈱イーメディア

●編集協力
井川　峻
松尾美穂

●編集統括
学研辞典編集部

小学生のまんが慣用句辞典　改訂版

2005年12月８日　初版発行
2015年７月21日　改訂版初刷発行
2019年２月４日　改訂版第６刷発行

監　修　金田一秀穂
発行人　黒田　隆暁
編集人　芳賀　靖彦
発行所　株式会社 学研プラス
〒141-8415 東京都品川区西五反田2-11-8
印刷所　図書印刷株式会社

この本に関する各種お問い合わせ先
●編集内容については　Tel 03-6431-1603（編集部直通）
●在庫については　Tel 03-6431-1199（販売部直通）
●不良品（落丁、乱丁）については　Tel 0570-000577
学研業務センター
〒354-0045　埼玉県入間郡三芳町上富 279-1
●上記以外のお問い合わせは　Tel 03-6431-1002（学研お客様センター）

よこみち

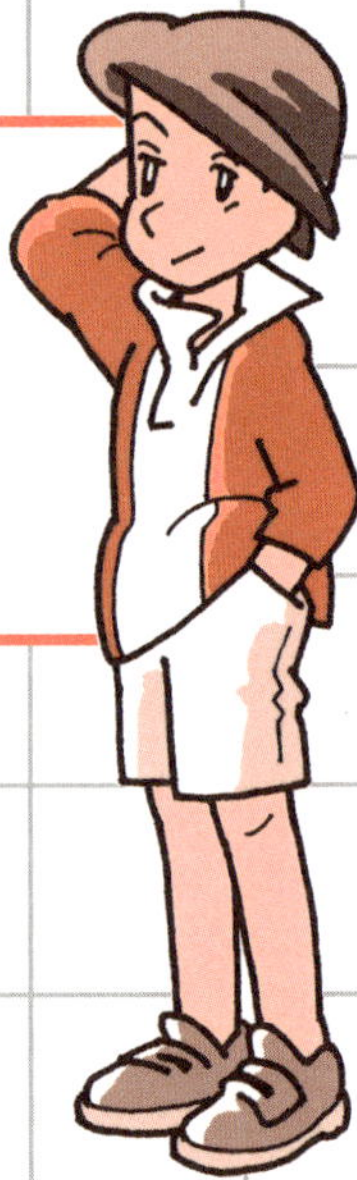

転校生《てんこうせい》の男《おとこ》の子《こ》。イケメンで、スポーツが得意《とくい》。しかも成績《せいせき》が優秀《ゆうしゅう》と、三拍子《さんびょうし》そろっている！好《す》きなことは歌《うた》とダンス。

やなぎ先生《せんせい》

かん太《た》の担任《たんにん》の先生。ちょっとおっちょこちょいな面《めん》もあるが、かん太たちのことを、いつも目《め》を細《ほそ》くして見守《みまも》ってくれる、やさしい先生なのだ。

こまめ

かん太《た》の幼《おさな》なじみ。いつもお手伝《てつだ》いをしていて、近所《きんじょ》の人《ひと》は口《くち》をそろえて「こまめくんには頭《あたま》が下《さ》がる」と言《い》う。